心理学与说话策略

"心理学与脑力思维"编写组 编著

中国纺织出版社有限公司

内 容 提 要

谁都会说话，但不是谁都能把话说得好。我们要想把话说出效果，说得精彩，必须从心理学的角度入手，用"心"去说，才能打开他人心门，获得你想要的沟通效果。

本书从心理学的角度出发，从人际交往、求职面试、职场竞争、家庭婚姻等方面，为广大读者传授诸多口才方面的实用技巧，帮助我们学习一些常用的心理学知识，提升自己的口才技巧，帮助我们在人际交往中高效地与人沟通，从而获得事业的成功，收获人生幸福。

图书在版编目（CIP）数据

心理学与说话策略 /"心理学与脑力思维"编写组编著.——北京：中国纺织出版社有限公司，2024.12
ISBN 978-7-5229-1647-7

Ⅰ.①心⋯ Ⅱ.①心⋯ Ⅲ.①人际关系—语言艺术 Ⅳ.①C912.13

中国国家版本馆CIP数据核字（2024）第070411号

责任编辑：柳华君　　　　责任校对：高　涵
责任印制：储志伟　　　　责任设计：晏子茹

中国纺织出版社有限公司出版发行
地址：北京市朝阳区百子湾东里A407号楼　邮政编码：100124
销售电话：010—67004422　传真：010—87155801
http://www.c-textilep.com
中国纺织出版社天猫旗舰店
官方微博 http://weibo.com/2119887771
天津千鹤文化传播有限公司印刷　各地新华书店经销
2024年12月第1版第1次印刷
开本：880×1230　1/32　印张：7.25
字数：127千字　定价：49.80元

凡购本书，如有缺页、倒页、脱页，由本社图书营销中心调换

前言
PREFACE

我们都知道,每个人都生活在集体之中,而人际沟通的主要方式就是语言。诗人但丁说:"语言作为工具,对于我们之重要,正如骏马对骑士。最好的骏马适合于最好的骑士,最好的语言适合于最好的思想。"日本的池田大作也说:"语言是我们所知道的最庞大、最广博的艺术,是世世代代无意识创造出来的无名氏作品。"的确,会说话真的太重要了。古今中外,一生败于说话的人很多,如三国时被曹操斩首的杨修;一生成功、会说话的人也很多,如春秋战国时期的"二桃杀三士"的晏平仲、完璧归赵的蔺相如、讽齐王纳谏的邹忌等。

这就是说,一个人的说话水平已成为其生活及事业成功与否的关键因素。生活中我们经常看到,人与人之间的沟通,有时候一句话可以化干戈为玉帛,有时候却让朋友之间老死不相往来,由此可见学会说话的重要性。

我们每个人每天都在说话,但是能把话说好的人却不多,因为说话看似简单,实则很难,难就难在把话说得直指人心。事实上,那些会说话、左右逢源的人总是能从隐微的细节中看穿对方心思,在三言两语之间就把话说到对方心里,他们总是能带动交际场合的谈话氛围，总是能说服他人，达到自己的目的。

要知道，在这个世界上，最难以捉摸的是一个人的心理，为此，一定要"攻心"，以"心"为重。因此，在生活中，你在训练自己口才的同时，还要掌握一定的心理学知识，学会察言观色，了解对方的心理，把握说话的最佳时机及说话的内容。

《心理学与说话策略》就是这样一本贴合人心的读物，本书从说话过程中涉及的重要因素，如观察、倾听、言辞等这些方面来培养我们的心理学意识，内容涉及职场、求人办事、商场销售、人际交往、婚恋等，深入浅出，注重心理技巧的应用和实际可操作性，全面而又准确地教我们在说话过程中如何运用心理学知识，可谓是一本语言技巧指南。相信本书能让你更有技巧、更有智慧地说话，能助你获得最佳的沟通效果，进而轻松达成自己的沟通目的。

编著者
2024年6月

目录
CONTENTS

上篇 洞悉人心，巧妙说话

第 01 章
真诚赞美，做好有效沟通

赞美言辞要真诚，方能赢得他人好感 ~ 004
出乎意料的赞美好比意外的礼物 ~ 007
把握赞美的度，过分赞美有"毒" ~ 010
巧妙夸人，赞美也要看准人 ~ 013
小细节的赞美往往令人很舒服 ~ 017
利用他人之口赞美，更能起到作用 ~ 020

第 02 章
真心实意，将心比心才能筑牢交际

说点自己的秘密，赢取对方信任 ~ 026

多表达赞同，让对方愿意主动向你倾诉　~　029

巧妙引导，一步步让对方主动说出你要的答案　~　032

南风法则，温言劝说让对方向你敞开心扉　~　035

关键时刻一语中的，让对方心服口服　~　039

妙用激将，激发对方的斗志　~　043

第 03 章

察颜观色，洞悉他人内心说对话

眼为心门，了解对方眼神里的含义　~　048

通过嘴巴的动态了解他人内心活动　~　051

解析对方微表情，说正确的话　~　055

先看后说，从站坐姿势了解他人内心秘密　~　060

小小手势，是交流的重要突破口　~　064

第 04 章

玩转职场，有策略地说话让你左右逢源

赞美领导，更要注意分寸　~　070

巧妙汇报工作，让领导对你更放心　~　073

领会领导意图,话要说得贴合人心 ~ 077

言谈谨慎低调,避免成为他人嫉恨的对象 ~ 081

学会自我表达,让自己在面试中脱颖而出 ~ 084

奖惩下属的言辞,要把握好分寸 ~ 087

第 05 章
提升气势,营造心理优势的说话方式

适时地变化语调,传递自己的心声 ~ 092

提问与反问,助你掌控说话的主导地位 ~ 094

说话沉稳有力,更易让人信任 ~ 097

说话有气力,语言更有震慑力 ~ 100

沉默是金,少言者拥有大智慧 ~ 103

不露声色,表情严肃让话语更有份量 ~ 106

下篇
解析情景，说话贴合人心

第 06 章
求人办事，巧花心思能成事

真诚表达，求人办事没什么不好意思的 ~ 112

运用激将法，陈述事情难度让其主动答应 ~ 115

言语铺垫，让答应你的请求成为水到渠成的事 ~ 119

真诚地赞美对方，让对方不好意思拒绝你 ~ 124

以情感人，让对方不忍拒绝你 ~ 126

求人办事讲时机，再难的请求也能说出来 ~ 130

第 07 章
亲情维护，和谐家庭需要妙语相伴

丈夫如何说话才能哄妻子开心 ~ 136

家庭矛盾如何用妙语化解 ~ 139

可怜天下父母心，对父母多说些体己话令其欣慰 ~ 142

赏识教育，你的孩子需要语言鼓励 ~ 145

夫妻沟通，要把握好态度 ~ 149

第 08 章
演讲口才，三言两语就能吸引住听众

巧妙开场，抓牢听众的心 ~ 154

演讲中的"卡壳"，用妙语轻松化解 ~ 157

言简意赅，引起听众的共鸣 ~ 160

演讲站在听者的角度，更易得人心 ~ 163

铺垫互动，引领听众进入你设定的言语氛围 ~ 167

设置悬念，抓住听众的注意力 ~ 170

第 09 章
经营有道，剖析人心再说话自有光明"钱途"

言语铺垫，打消对方疑虑 ~ 176

言语中透露诱人的利益，让对方迅速感兴趣 ~ 180

退一小步、进一大步的语言计谋 ~ 184

适时寒暄，迅速融化彼此之间的陌生感 ~ 187

与客户沟通，先做朋友后做生意 ~ 191

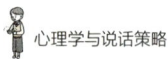

表露真诚，经营最重要的是信誉　～　195

第 10 章
应酬交际，说话迎合人心令你运筹帷幄

遭遇刁难，一句自嘲便能轻松化解　～　200

社交场合不得不学习的寒暄客套话　～　203

迎来送往、离席入席时用细节彰显社交魅力　～　206

祝贺的言辞不只是走过场，更要说到人心坎里　～　210

面对尴尬，如何用妙语打圆场　～　213

社交场合先聊聊大家都能聊的话题　～　217

参考文献　～　**221**

第1章

真诚赞美,做好有效沟通

赞美言辞要真诚，方能赢得他人好感

心理学专家曾经让两个人分别去赞美一个舞跳得很好，但是却意外摔倒了的姑娘。第一个人走上前去，一边笑一边说："你的舞跳得太完美了。"第二个人走过去，拍了拍姑娘的肩膀，说了句"你很棒"。姑娘对第一个人的赞美，表现出非常厌恶的情绪，狠狠地瞪了他一眼，而望着第二个人感激地说了声"谢谢"。

两个人同样是去表达赞美，为什么第一个人遭到了白眼，而第二个人却得到了感谢呢？对于这种现象，心理学专家作

出了解释：人对外界的反应有一个基本的是非判断，从而能够迅速地恒定内心的安全感。对于友善的表情和动作，同样会做出友善的迎合，继而换来更大的友善；对于不友善的情绪，则同样给予敌意，以确保自己安全系数的最大值。基于人们的这种心理，在表达赞美的时候，尽量表达得真诚一些，方能赢得他人好感。

柯达公司的创始人伊斯曼要捐款建造音乐学院。这天，建筑商亚当森前来会见伊斯曼。进了办公室后，见伊斯曼正忙着看文件，他便仔细地观察起办公室来。等伊斯曼忙完之后，他没有谈生意，而是说："我仔细地观察了办公室，装修得实在是太精致了。"伊斯曼回答说："是我亲自设计的，我很喜欢。但是平日里很忙，根本没有时间仔细欣赏。"伊斯曼带着亚当森仔细地参观了办公室，并一一做了介绍。亚当森微笑着聆听，表现得饶有兴趣。直到亚当森告别那一刻，两人都未谈及生意。最终，亚当森如愿以偿地得到了这个订单。

亚当森并没有谈生意，而是赞美了伊斯曼的办公室装修得很精致，从而赢得了伊斯曼的好感，最终实现了获得订单的愿望。心理学家研究表明：当一个人被别人真诚赞美的时候，心中会对对方的欣赏产生感激，从而在脑中会形成一个对方的完美无瑕的形象。在这种心理作用之下，内心很容易向对方靠拢，甚至会做出妥协和让步。因此，在表达赞美的时候，要尽量表现得真诚一些，从而赢得他人好感。

那么，究竟如何才能让你的赞美表现得真诚呢？

1.适当和对方进行眼神交流

在交流时，别人会通过你的眼神来甄别真伪。不要逃避和他人的眼神碰触，眼神也不要四处游走，更不要望着天花板和地面，人在说谎的时候，眼神都有这些反应。相反，要多往对方面部的右上角凝聚，因为人在表达真诚的时候，眼神往往会向右上角转移。这样，别人会感受到你的真诚。

2.多注意身体的一些小动作

在表达赞美时，别人也会通过身体的一些小动作来判断你是否真诚。比如，人在说谎时，下意识的会把手放在嘴上，或者是摸一下鼻子；欣赏对方时，会鼓掌、竖起大拇指，或者是双手交叉和重叠放在身前，身体会主动向对方靠近，还有不断地点头等。

3.言辞表达一定要恳切

要想表达真诚，最主要的还是在言辞上，要诚恳、热烈一些。用你内心迸发的热情来感染对方的情绪。比如，在赞美别人的优秀表现时，你要说"你真是太棒了！"在"太"上还要加重语气语调，让你浓浓的敬佩之情，通过热烈的表达传递到对方的心里。

 心理话术

马斯洛需求层次理论认为：自尊和自我实现是人较高层次的需求，它一般表现为"荣誉感"和"成就感"。而荣誉和成就的取得，还需得到社会的认可。赞扬的作用，就是把他人需要的"荣誉感"和"成就感"拱手相送到对方手里。

出乎意料的赞美好比意外的礼物

曾经有专家做过这样一个心理学实验：让一个女孩打扮得非常漂亮，然后去参加朋友的生日晚会。先后让五六个人不断赞美她"非常漂亮"，女孩只是微笑着点点头，礼貌地说着"谢谢"。之后，让一个人去赞美她"非常有气质""显得很高贵"，这时，女孩对着赞美她的人露出了开心的微笑，并且和她聊了起来，后来她们成了非常要好的朋友。

同样是别人的赞美，为什么女孩对前面的赞美只是客套地表达感谢，而对后者的赞美却另眼相看呢？这涉及心理学的一个概念"求异心理"。通常,人都不喜欢千篇一律的东西,不喜欢听重复多次的话,而如果你的赞美与众不同,刚好符合了别人内心的期待,引起了对方的兴趣,自然能打动人心。基于人们的这种"求异心理",在表达赞美的时候不妨独到一些,往往会收到不一样的效果。

在我们的现实生活中,这样的例子也非常多。有一个外科名医,小时候非常调皮,功课很差,经常惹是生非,差一点被勒令退学。尽管父母和朋友经常夸他很聪明,但是他觉得他们都是在说客套话,听烦了。然而,唯独有一位老师的赞美和鼓励触动了他的心,他到现在还清晰地记得那句话:"你有一

双了不起的手,将来你会靠这双灵巧的手出人头地的。"事实上,也正是老师的这番话改变了他的一生。可见,独特的赞美往往能沁入心田,起到不一样的效果。因此,在日常生活中,我们在赞美别人的时候,不妨利用人们的"求异心理",把话说到别人的心坎上。

那么,究竟如何才能把赞美的话说得特别一些呢?

1.赞美前要多了解对方

赞美之前要多了解别人,这样你才能将赞美的话说到点子上。例如你可以赞美一个人工作很努力,赞美他废寝忘食,赞美他的业绩等。如果你不了解,明明对方工作时很有想法,你却赞美他很努力,与他人的心理期待相差甚远,你的赞美自然会被当成耳边风。

2.赞美别人被忽视的优点

如果你总是在赞美很多人都提及的优点,别人听得多了,就会对你的话没有兴趣。这时候不妨赞美被别人忽视的优点,这样,会达到意想不到的效果。比如很多人都在赞美一位影视明星的歌唱得好,戏演得好,殊不知他的书法也非常优秀。这时,如果你赞美他的书法,势必会引起他的关注。

3.赞美的话要说得独特

在表达赞美时,同一个意思,不妨表达得独特一些。比如，你赞美一个人穿着打扮很漂亮，不要说"你很漂亮"，要说"出现了一道亮丽的风景线"。只要你的赞美有独到之处，就会引起别人内心的愉悦。

 心理话术

"求异心理"是因为人在重复听到相同的声音之后，会产生"听觉疲劳"，而渴望听到不一样的声音。在听到别人赞美的时候，独特的言语和角度往往能引起他们的兴趣，满足他们内心的渴望和需求，从而引起他们注意力的叠加，引起心理情绪的波动，从而对你独特的赞美有不一样的反应。

把握赞美的度，过分赞美有"毒"

美国心理学家曾经做过这样的一个调查实验：在喧闹的街头，随机和路过的女性搭讪，并且赞美她们非常漂亮，堪比"闭月羞花，沉鱼落雁"之姿。其中一些打扮时尚，相貌漂亮的女性露出了开心的微笑，并真诚道谢；而一些相貌丑陋、打扮土气的女性则表情复杂，其中还有人表现出反感，更有甚者,还会骂实验员"神经病"。

原本是赞美别人的话,为什么有人听了会难堪,会生气呢?这牵扯到心理学中的"镜子原理"。通常情况下,人们对自己有一个基本的"自我认知",当接收到别人的赞美时,内心之中会产生"自我认可"。当听到的赞美符合内心的"自我认知",他们会觉得受到的赞美是真诚的,因而内心愉悦;如果听到的赞美与内心的"自我认知"不相符,那么他们则会觉得受到的赞美不真诚,甚至觉得受到了讽刺和侮辱。因此,基于人们的这种心理,在赞美别人的时候要符合实际,不要夸大,而是应该把握好语言的火候。

拿破仑是一位非常厌恶虚伪奉承的人。有一次在聚会中,来宾大多是一些谄媚逢迎的人,见到拿破仑就笑嘻嘻地迎上前去。其中有一名军官想巴结拿破仑,就点头哈腰地迎上去说:

"将军真是武功非凡,您对国家做出了巨大的贡献。如果没有您,我们又如何能享受如此丰富的盛宴呢?"这些话令拿破仑听得十分不舒服。他面露难色,诧异地望了这名军官一眼,摇了摇头走开了。事后,这名阿谀奉承的军官不但没有得到提拔,反而被下放到了炊事班里。

这名军官想要通过赞美获得拿破仑的好感,但他的赞美过于夸张,与拿破仑内心的"自我认知"不相符,让拿破仑有了一种受羞辱的感觉,最终被下放也就不足为奇了。大多数情况下,赞美之词恰到好处,可以让对方觉得他的价值得到了认可与肯定,他得到了应有的尊重。相反,赞美之词说得过于夸大,无异于在否定对方。

那么,究竟如何才能把握住赞美的度呢?

1.赞美之词要真实

很多人在表达赞美之情的时候,对他人并不了解,结果是眉毛胡子一把抓。比如,你看到了一个美女,赞美她人长得漂亮,声音很好听,结果对方却是个聋哑人。你的赞美不真实,反而成了对她的讽刺。因此,表达之前多了解对方很有必要。

2.赞美的话要适度

并不是赞美的话说得越动听,越能让他人高兴,越能留下好印象。相反,如果你的赞美说的恰到好处,往往比一些空话套话要实用得多。比如你的朋友的演讲很成功,你可以说情感表达很合适,逻辑思维很清晰,让人有耳目一新的感觉。

3.勿与权威画等号

在每个行业都有相应的权威人士,比如文学领域里的茅盾、鲁迅,艺术领域里的凡高、贝多芬等。如果你夸奖一个人的文章写得好,说他堪比鲁迅,胜过茅盾,听起来更像是一句玩笑。

心理话术

"镜子原理"指每一个人心里都有一个对自身基本情况的掌握和了解,在听到别人的赞美和恭维的时候,会迅速地和自己内心的"自我认知"作比较,就好比自己在照镜子一样。人们总是认为符合自己"心理认知"的赞美才是真诚的,才会表现出喜悦和接纳。

巧妙夸人,赞美也要看准人

通常情况下,每个人对自己都有一个基本的认识和了解,都渴望别人能赞美自己的优点。人的性别和年龄不同，内心的欲求也是不一样的。女人在乎自己的外在形象，喜欢听别人赞美她们的外表；男人则更加渴望在能力上得到更多的肯定；老人更喜欢听别人提及他曾经的辉煌；孩子们更多的想得到祝愿。基于不同的人不同的心理诉求，要投其所好，才能与对方内心的期待相符合。

韩信因为功高盖主，被贬为侯。他终日忧心忡忡，想尽一切办法想要东山再起，终于他找到了一个机会，于是韩信适

时适事地把刘邦恭维了一番。刘邦问韩信:"你看我能统领多少兵马?"韩信毕恭毕敬地说:"陛下能率领10万左右的大军吧!"刘邦又问:"那么你呢?"韩信笑着说:"臣当然是多多益善!"刘邦听了很不高兴,问:"那你又为什么被我所用呢?"韩信笑着说:"陛下虽然没有'将兵'的才能,却具有'将将'的才能,而且陛下的此种本领是天生的,绝对不是普通人所能具有的。"韩信的这番恭维,使刘邦当时心情大好。

韩信善于揣摩心思,他知道刘邦总想压制自己,因此故意制造了悬念,话锋一转,巧妙地夸奖和赞美了刘邦,让刘邦觉得自己比韩信要强。在表达赞美之前,要拿捏好对方的心思,把合适的赞美巧妙地说到合适的人的耳朵里,才能达到取悦人心的目的。否则,赞美得不恰当,反而会引起别人的厌恶。

那么,究竟怎样才能在表达赞美的时候看准人呢?有什么方法和技巧呢?

1.赞美别人要看性别

男人跟女人的心理诉求大相径庭。对于男人来说,更在乎自己的能力强,有本事;而对于女人来说,则更在乎自己年轻漂亮,有魅力。如果你赞美男人长得帅气,会收拾打扮自己,则会让他觉得你在嘲笑他没本事。相反,如果你赞美一个女人能力强,则可能会让她觉得你在讽刺她没有女人味。把握男女

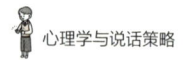

不同的心理诉求，表达赞美才能收到很好的效果。

2.赞美别人要看年龄

对于小孩子要赞美他聪明伶俐，活泼可爱，并说他将来有如何大的成就；对于年轻人要赞美他们有才华、有能力，有一个辉煌的前程；对于中年人，要赞美他们事业有成，赞美他们的妻子（她们的丈夫）有责任感；对于老年人，要赞美他们曾经的辉煌和成就等。

3.赞美别人要看喜好

有的人比较爱慕虚荣，听到别人的赞美便会心花怒放，而有的人则喜欢低调，比较自我。对于爱慕虚荣的人，不妨直接一些，热烈一些，极大地满足他们的虚荣心。而对于比较低调的人，表达就要含蓄一些，否则，会让对方觉得你在说客套话，并不是真心实意地赞美他。

心理话术

每个人的心理欲念是不一样的，要根据他们的内心所思所想，找到一种适合赞美他们的方法，从而让每一个人都开心和满意。在表达赞美的时候因人而异，把不同的赞美恰如其分地送给不同的人，才能实现赞美的目的。

小细节的赞美往往令人很舒服

让两个人去赞美一个工作认真的销售员，第一个人走上前去微笑着说："你工作起来非常的认真，也很努力。"这名销售员含蓄地笑着说"谢谢"，然后继续埋头工作。第二个人走上前去，和他说："你工作这么努力，客户信息整理得这么认真仔细，难怪你的业绩会那么好。"销售员笑着说："是吗？我也是尝试着在做。"随后他主动地和第二个人交谈了起来。

同样是赞美销售员工作很努力，被赞美者的反应却迥然不同，这究竟是为什么呢？专家是这样分析的：人的内心之中会对周围的人有一个"远近关系"的判断，对于越了解自己的人位置会摆得越近，情绪反应也会越大。反之，内心的情绪便会越平淡。这在心理学上叫作"自己人效应"。你在赞美的时候能说出细节，对方的内心之中会觉得你对他的关注多，是属于"自己人"。而"粗枝大叶"的赞美，别人就会觉得你是在说客套话，并不了解和关注他，是一个"他者"。基于人们的这种心理，在表达赞美的时候，不妨多说一些细节，拉近心理距离，把"他者"营造成"自己人"。

心理学家认为，在每个人的内心深处，都渴望别人更多的欣赏自己。如果你只是"粗枝大叶"地说些好话，则会让对方觉得你根本不了解他，在心理上就会产生落差，继而拉远心理距离。可见，在赞美别人的时候，要多注重一些细节，让别人的心里产生"自己人效应"。

在生活中，这样的例子非常多。

有一个男孩特别喜欢踢足球，他渴望能够成为足球明星。终于，在他25岁的时候实现了自己的梦想。于是他的老师和同学们都前来为他祝贺。有一个老师说："你真了不起，这么年轻就成了鼎鼎有名的足球明星。"男孩笑着说："这没什么。"这时候有一位同学说道："你的吃苦精神真的很令人佩

服，不管刮风下雨，你始终在球场上奔跑。"这时候，男孩走过去给了这位同学一个深情的拥抱。

赞美别人能抓住细节，往往能让你迅速地站到对方内心中近距离的位置上，从而成为"自己人"。那么，究竟如何才能在赞美中凸显细节呢？

1.表达赞美不妨有的放矢

很多人在赞美的时候总是很抽象地表达感觉和印象，没有具体说明，这会让接受赞美的人觉得你在敷衍他。比如你在赞美一个女孩很漂亮，不妨说她的衣服很时尚，妆容很合适等。

2.赞美别人时要局部细化

表达赞美要尽可能局部的细化，这样别人才会觉得你是真的在关注他，而不是对他只有大概的印象和感觉。比如，你赞美一个女孩，与其说她的笑容很灿烂，不如说她笑起来酒窝很迷人。

3.赞美要透过现象看本质

通常，当一个人取得成绩的时候才会被人关注，因而得到的都是对他能力的赞扬。殊不知，对方更加在乎自己付出的努力。如果在赞美的时候要做到透过现象看本质，就不能人云亦云地赞美取得的成就，而是去赞美对方所付出的艰苦的努力，这样才能在心理上和对方靠得更近。

 心理话术

"自己人效应",说的是人会根据周围人对他的喜爱和感兴趣的程度,在内心中确定不同的远近距离,位置在前的人,与自己的关系越密切,相反,则越疏远。位置越前的人往往会被当作是知己,属于"自己人",表现出的情绪和反应就会越大。

利用他人之口赞美,更能起到作用

心理学家注意到了这样一个现象,当一位同学取得了奥林匹克一等奖之后,让一位老师去直接赞美他聪明,夸奖他学习用功刻苦。同时,又让这位老师传达了另外一位老师的赞美和称许,结果,这位同学只是谦虚地微笑着离开了,之后却给那位没有露面的老师打了电话,传达了感激之情。

同样是赞美之词,为什么这位同学对直接表达的赞美表现得如此淡然,而对利用他人之口传达来的赞美却如此重视呢?专家是这样解析的:通常,我们都有"被认可""被肯定"的心理需求，同样，在潜意识里，每个人都会对别人说的话做出分析和判断。很多时候，一个人当面说好听的话，往往是有所图，他所说的话被打上了引号，是否真诚有待定论。相反，背着当事人的称许则无所图，显得更加可信。

《三国演义》中的貂蝉利用美人计蛊惑吕布，让他刺杀董卓的时候，先假借了别人的口大大地夸奖了吕布，让他觉得自己是很欣赏他的才华的。这就使得吕布深感愧对貂蝉对自己的赞美与敬慕，不觉"羞惭满面"。书中是这样描述的："貂蝉曰：'妾在深闺，闻将军之名，如雷贯耳，以为当世一人而已。谁想反受他人之制乎？'言讫，泪下如雨。布羞惭满面，重复倚戟，回身搂抱貂蝉，用好言安慰。"

貂蝉在赞美吕布的时候并没有夸奖他英勇神武，而是通过复述别人对吕布的评价，表达了对吕布的欣赏，让吕布的内心之中产生了被貂蝉欣赏和肯定的感觉，满足了内心的需求。可以说，貂蝉的这番话，对吕布后来反杀董卓起到了至关重要的作用。由此可见，借助他人之口赞美别人比当面表达赞美能取得更好的效果。

这个现象在生活中也屡见不鲜。

有一个女孩到朋友家去做客，朋友的父母赞许说："你这么有礼貌，真是太懂事了。"女孩谦虚地说："没有啦，阿姨，比起您的女儿来，我还差得远呢！"当时，朋友的表姐也在场。第二天，朋友告诉这位女孩说："我表姐说你不但人长得漂亮，而且知书达理。"这位女孩惊讶地说："你说的是真的吗？"当这位女孩第二次去的时候，对朋友的父母表现得很一般，对她的表姐却表现得很感兴趣。她觉得朋友的父母是为了让客人高兴才赞美她，而朋友表姐的赞美才是发自肺腑的。

可见，在平日里，当着对方的面表达的赞美只能到达对方的耳朵里，不易到达对方内心深处。而通过别人之口传达的称许，这样更能起到相应的效果。那么，究竟如何利用别人之口来传达你的赞美呢？在表达的时候要注意哪些问题呢？

1.赞美的话要说得简明扼要

很多人在利用别人之口传达赞美之情时,情感很真挚,结果却没有收到预期的效果,究其原因是表达很啰嗦,没有重点,这就给传话的人带来了难度。比如,你看到了朋友家的小孩很懂事,一会儿赞美他尊重长辈,懂礼貌,一会儿又转移到讲卫生、爱学习上。结果传话的人传达时说了很多,却没表达出你的意思,这会让对方觉得你的赞美不真实。表达之前要多了解,将赞美的话说得简明扼要。

2.传播中"他人"要选合适

利用他人的口来表达赞美时,如果这个"他人"与被赞美者关系疏远,那么很有可能你的赞美达不到相应的效果。例如你想要赞美你的领导很有魄力,却选择一个你的下属做传话人,可想而知赞美被传达的概率有多小。选择对方身边的人,或者是关系亲密的朋友或者家人,往往能达到很好的效果。

3.不要对对方的期许过高

有的人总是对利用别人的口传达赞美之情给予过高的期望,一旦收效不明显,就急不可待地跑去询问传话人,甚至还会直接向被赞美者打听。最终导致你的赞美完全失效,还有可能引起别人的反感,起到相反的效果。

心理话术

专家研究表明:而当面表达赞美可能会让别人觉得你是阿谀奉承,对你的赞美之言产生怀疑,这就与对方内心的期许产生了误差,"耳边风"自然就刮过去了。相反,利用他人的口来表达赞美,则会让别人觉得你没什么可图,赞美自然真诚温暖。

第 2 章

真心实意,将心比心才能筑牢交际

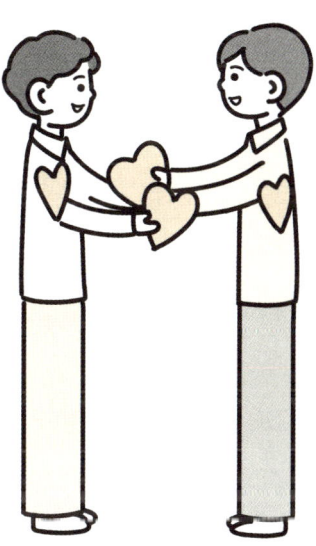

说点自己的秘密，赢取对方信任

我们发现现实生活中，人际关系的疏近，与其交谈的话题有一定的关系，关系越密切，所谈话题越个人化、私密化。但交谈之初，交往双方往往是互存芥蒂之心的，而这对于整个交流无疑是毫无益处的，此时，如果我们能主动跨出交往的第一步，向对方透露自己的一些私事，那么便能给对方一个心理暗示：我们之间关系很好，你可以向我倾诉你的心事。

美国有位总统，在庆祝自己连任时开放白宫，与一百多个小朋友亲切"会谈"。

10岁的约翰问总统："您小时候哪一门功课最糟糕，是不是也挨老师的批评？"总统告诉他："我的品德课不怎么好，因为我特别爱讲话，常常干扰别人学习。老师当然要经常批评的。"他的回答使现场气氛非常活跃。

这位总统为什么能紧紧抓住小朋友的心，使小朋友们能够认为总统和他们是好朋友？人们都喜欢与自己有共同爱好、

兴趣的人交往，而对于那些与自己"志不同道不合"的人，则会退避三舍。总统向小朋友们透露出了自己小时候的一些"秘密"，这让他们感到，原来总统也和自己一样，也不是十全十美的人，从而愿意和总统交流。此时，即使场外的大人们看到这样的对话场面，也会感到总统是一个亲切的人。

随着社会的进步，人们越来越渴望交往，于是，就有了社交，但无论是哪一种社交形式，都需要交谈双方的主动意愿，都要起到传递信息、交流感情的作用。可是，又是什么能带动交谈双方吐露心声呢？答案就是"秘密的交换"。因此，如果我们能主动先透露自己的"秘密"，那么，就很容易获取对方的信任，对方也就愿意向我们袒露心声。

那么，日常生活中，我们该如何通过讲述"秘密"来获取他人的信任呢？

1.适度自曝短处

比如，闲暇时候，你可以和同事闲聊自己曾经失败的事，这比谈自己成功的事更易拉近彼此间的距离。因为老是炫耀自己成功的光荣事情，容易让人产生反感，而留下不好的印象。而说说自己的短处，可以避免犯错，因为首先在态度上我们已经示弱并表示了友好，对方没有不接受的道理。

2.把握暴露秘密的度

提倡"自我暴露"，并不是让你把自己的"老底"都揭给对方看，不分场合和对象地将自己"暴露无遗"。我们不妨选择暴露那些不会影响到整体形象的"小事件"或者"小缺点""小毛病"等，正因为这些小瑕疵的存在，我们会显得更真实，更可爱。

心理话术

那些"趋于完美""毫无瑕疵"的完美主义者，似乎总是"曲高和寡"，并没有太多的朋友。可以说，越是苛求完美，人际关系也越差，因为这些人虽然优秀，但不可爱。会让人产生一种敬畏和猜疑心理，而不愿与之深交。在与陌生人交谈的过程中也是如此，那些表现得十分完美的人，人们往往敬而远之；相反，适度表达"秘密"和缺陷，可以赢得关注。

多表达赞同，让对方愿意主动向你倾诉

在这个强竞争、高压力的社会中，很多人认为自己不被他人理解，最重要的一点就是找不到属于自己的听众。每个人都有表达自己、被他人理解的欲望，希望能通过倾诉获得他人的赞同和理解，而不是反驳和训斥。因此，从心理学的角度来看，多给予对方赞同会使对方心情愉快，换来对方的主动和信任。

小王是一名电脑推销员。最近，他遇到了一个难题：在向某公司推销电脑时，该公司负责人把决定权交给了一名技术顾问——陈教授。经过考察，陈教授私下表示，两种品牌，各有优缺点，但在语气上，似乎对竞争对手颇为欣赏，小王知道问题出现了。于是他找了个机会，口沫横飞地夸赞他所代理的产品如何优秀，设计上如何特殊，希望借此改变陈教授的想法。谁知道，还没等他说完，陈教授不耐烦地冒出了一句话："究

竟是你比我行，还是我比你懂？"这话如五雷轰顶一样打醒了小王。

当小王垂头丧气地回到公司，向同事诉说这件事后，一位同事告诉他："为什么不干脆用以退为进的策略推销呢？"并向他介绍了"向师傅推销"的技巧。"向师傅推销"，切记要绝对肯定他是你的"师傅"，认同他的观点，抱着谦虚、尊敬、求教的态度去见他。一切的推销必须无形，伺机而动，不可勉强，不可露出痕迹，方有效果。

于是，小王重整旗鼓，再次拜访陈教授。见了面，他一改自己的说话习惯，对陈教授说："陈教授，今天，我来拜访您，绝不是来向您推销。上次跟您谈过后，回家想想，觉得您分析得很有道理。您指出我们所代理的电脑在设计上确实有些比不上别人。陈教授，您在公司担任顾问，肯定比我们有经

验。我希望从这笔生意上学点经验……"小王说话时一脸的诚恳。

陈教授听了后,心里既同情又舒畅,于是用慈爱的口吻说道:"年轻人,振作点。其实,你们的电脑也不错,有些设计就很有特点。唉,我看连你们自己都搞不清楚,譬如说……"陈教授谆谆教导,小王洗耳倾听。这次谈话没过多久,生意成交了。

案例中,推销员小王可谓是虚惊一场,但如果他没有接受同事的建议,且忘记在倾听中赞同,学习客户意见的重要性,那么,这次推销肯定会以失败告终。

那么,在与他人说话时,怎样运用"赞同别人"这一说话艺术呢?

1. 要有赞同的态度

如果你根本不赞同对方的观点,那么,切不可虚伪作态。因为这样的一言一行都是假惺惺的,你连自己都无法说服,又怎么能说服别人呢?

2. 当你赞同别人时,一定要表达出来

不要指望对方能立刻感受到你的暗示,想要让他知道你赞同他的意见,不妨直接说出来,"我同意您的说法""您说得很对,我完全赞同"或"我认为您的看法很好"。

3.即使不赞同也不要直接表示反对

直接反对只会导致双方的争执,这样你会很快与人产生矛盾,并且失去很多。所以,请不要轻易否定别人,除非不得不这样做。

4.避免与人争论

人际关系中最忌讳的就是与人争论。即使你是对的,也不要一味争论,这不是解决问题的最好办法,请务必记住这一点。

心理话术

赞同艺术的根据在于——人们喜欢赞同他们的人;人们不喜欢反对他们的人;人们不喜欢被反对。从今以后,请多多地赞同别人吧!

巧妙引导,一步步让对方主动说出你要的答案

生活中,我们与人沟通的时候,并不一定是将内心隐藏得越深越能达到目的。相反,有时候,我们若能"暴露"自己,

让对方看出我们的心理，越能避免一些误解的出现，越有助于彼此间的交流与沟通。实际上，那些善于掌控他人心理的人往往都会采取逐步引导的方法，循循善诱，让对方主动说出答案。

一般来说，我们可以通过以下方法来让对方了解我们的心理：

1.语言暗示法

晚饭后，几个研究生因为一个没有解决的课题，去找学校某位知名教授。时间过得飞快，不知不觉间已谈到深夜，教授接过其中某个学生的话题说："你们提的这个问题很值得研究，明天我去上海参加一个学术会，准备就这个问题找几位专家一块聊聊。"几位学生立刻起身告辞："很抱歉，您明天还要出差，耽误您休息了。"教授连忙说没关系。

在这种情况下，教授隐晦地告诉学生们自己要休息了，不仅顾及了自己的身份，也保住了学生们的面子，可谓一举两得。

这种方法一般可用于批评、提意见等沟通场景中，因为如果直言不讳，可能会造成不必要的误会。

2.语言误导法

日常生活中，只要善用误导策略，就能收到满意的效果。聪明的发问者总是预先埋下伏笔，让对方在不知不觉中陷入语言的陷阱。

在某酒店里，来了一对尊贵的夫妇。酒店服务员想为客人推荐酒店的特色菜。于是，她这样问这位客人："您要不要来点我们这儿的清蒸鲍鱼？"但似乎她的问话效果并不明显。于是，酒店经理亲自上前为客人点菜，准备推荐酒店的海鲜。她这样问客人："您今天是要一份海鲜还是两份？"客人的回答是两份。就这样，服务员们也掌握了经理的问话方式，于是，酒店的海鲜成了最畅销的菜。

面对酒店经理的这种问话方式，大多数顾客都会择一而答。可见，"误导策略"也是一种很有效的促销手段。同样，误导式的问话方式，在人际交往中也可以灵活应用。

用这种策略发问时，也有我们需要注意的地方，因为不是所有人都会掉进我们设置的"语言陷阱"中。我们要注意对方的年龄身份以及文化修养与性格特征，有的为人热情爽快，有的性格内向，有的马马虎虎，有的谨慎小心。每个人的性格不同，气质必然相异，如果没有考虑这些条件而随便发问，便可能有意外的状况发生。

心理话术

巧用引导式的心理策略，在沟通中，能更好地传递你想要表达的信息，使对方立即获得情感上的满足。与此同时，沟通的效果就产生了——对方会以"礼"回敬！

南风法则，温言劝说让对方向你敞开心扉

法国作家拉·封丹写过这样一则寓言故事：南风和北风在半空中相遇了，可是它们谁也说服不了对方让步，一时僵持不下。这时，它们看见路上的行人，于是决定打个赌，看谁能先将行人身上的大衣脱掉，谁就获胜，就刮它那个方向的风。北

风首先发威，顿时冷风凛冽，寒冷刺骨，行人为了抵御北风的侵袭，把大衣裹得更紧了；南风则徐徐吹动，顿时风和日丽，行人觉得春暖全身，开始解开纽扣，继而脱掉了大衣。南风便轻而易举地获得了胜利。

这就是心理学上人们常说的南风法则。"南风法则"也叫做"温暖法则"，它告诉我们：温暖胜于严寒，温情往往比冷酷更能打动人心。

这一法则同样适用于生活中的人们。与人沟通，想要了解对方的真实想法，与其苦口婆心地劝说，倒不如用温情打动。

被人誉为"黑珍珠"的球王贝利，是足球史上享有盛名的天才。在贝利小时候，因为球赛后身体疲劳而和伙伴们一起抽了一支烟,但不巧的是,这件事被他的父亲发现了。

晚上,贝利的父亲坐在椅子上询问他:"你今天抽烟了?"

"抽了。"小贝利红着脸,低下了头,准备接受父亲的训斥。

但是,父亲并没有这么做。他从椅子上站了起来,在屋子里来回走了好半天,这才开口说话:"孩子,你踢球有几分天赋,如果你好好坚持下去,将来或许会有点儿出息。但是,你应该明白,做一名足球运动员的前提是有良好的身体素质,可今天你抽烟了。也许你会说:'我只是第一次,我只抽了一根,以后不再抽了。'但有了第一次便会有第二次、第三次……每次你都会想,仅仅一根,不会有什么大碍的。但天长日久,你会渐渐上瘾,你的身体就会变差,而你最喜欢的足球可能会因此渐渐地离你远去。"

说到这里,父亲问贝利:"你是愿意在烟雾中损坏身体,还是愿意做个有出息的足球运动员呢?你已经懂事了,自己做出选择吧。"说着,父亲从口袋里掏出了一沓钞票,递给贝利,并说道:"如果不愿意做个有出息的运动员,执意要抽烟的话,这些钱就给你买烟用吧!"说完,父亲走了出去。

小贝利望着父亲远去的背影,仔细回味着父亲那动情入理的话语,不由得伤心地哭了起来。过了一会儿,他止住哭声,拿起钞票来到了父亲的面前。

"爸爸,我再也不抽烟了,我一定要做个有出息的运动员。"从此,贝利训练更加刻苦了,最终成为一代球王。

从贝利的这则故事中,我们也看到,人与人之间的沟通,情理化的方式比大发雷霆要管用得多。

人都是情绪化的动物,情感是进入别人内心,拉近双方距离的最有力武器。只要懂得这个道理,情感就会在你的人际沟通中助你一臂之力,让你轻易地感动对方。

根据南风法则,我们该如何感动对方呢?

1.时刻不忘微笑的力量

人们总是愿意与那些热情、开朗的人打交道。善于微笑的人,总是能给他人留下良好的第一印象。

2.态度要诚恳、说话要亲切

在与他人沟通的过程中,要让对方感到你是真诚的,人们是不愿意和一个虚伪狡诈的人打交道的。另外,一定要把话说得亲切、和蔼,这样才能使对方感到愉快,从而对你产生信任。

3.进一步认同,即使是再小的事

要知道,认同感的产生,表明你已经赢得了对方的好感。通常情况下,如果你将这种好感搁浅,你们会重返陌生人的状态。因此，你不妨多关心关心对方，这种关系自然会升华。

心理话术

"好言一句三冬暖，恶语伤人六月寒"，在与他人接触的过程中，应该多用关心、爱护、尊重、赞美等积极情绪感动对方，让对方感到你是从内心深处关心他。这能将彼此的感情拉得更近、更亲，也更易得到他人同样的关心和爱护。

关键时刻一语中的，让对方心服口服

中国有句俗语："最后的赢家才是真正的赢家，要笑就要笑到最后。"这句话一点也不假。生活中，在与人交往的过程中，只有手握底牌，才能出奇制胜。这一道理也可以运用到生活的沟通中，如果对方否认某些事实，我们不妨在关键时刻一语中的，让对方无言以对。

我们来看这样一个职场故事：

某公司新来了一个员工小王，他似乎有点小偷小摸的坏毛病。

这天，大家都已经下班回家了，但小王还想在公司继续上会儿网。正巧，他看见经理办公室的门还开着，办公桌的抽屉也没有上锁，里面放着厚厚的一叠钱。面对金钱的诱惑，小王心动了，于是，他就做了件顺手牵羊的事——拿走了几张百元大钞。

第二天一大早，经理就在办公室嚷嚷起来了："是谁偷了我办公室的钱？"但没有一人承认。这时候，经理秘书想出了一个招儿。

他把大家招到会议室，然后说："今天早上，清洁工周大姐来找过我，说昨天有人进了经理的办公室……"后面的话，秘书并没有说，然后他接着说："经理已经答应我，这件事不

会追究,但希望这位同事能主动给经理发个邮件,经理不会公开这件事。"

会后,小王主动给经理发了邮件,并将钱转回到了经理的账上。后来,经理一直夸自己的秘书是个"军师"的料子。

秘书让偷钱人小王不打自招的秘诀在于,他编造出了周大姐曾经看到嫌疑人"作案过程"的虚假事实,然后假装了如指掌,从而让小王乱了方寸,不打自招。并且,他采取了软硬兼施的措施,给了对方"不再追究"的保证,在权衡利弊后,小王也只好承认了偷钱的事实。

可见,当我们不知对手虚实的情况下,可以使用"证人"这张王牌投石问路。而在知晓事实的情况下,"证人"更能让对方心服口服。另外,当他人对我们产生质疑时,我们也可以采用这一心理策略:

客户:"请问我买的房子,大概什么时候可以收楼呀?"

销售员:"一般情况下,是签完合同,收到首期房款三个月之后。"

客户:"要这么长时间呀,一个月时间行不行呢?"

销售员:"如果要求一个月时间收楼的话,装修人员就要赶工。您都知道慢工出细活,赶工的时候,容易忙中出错,最后影响您房子的装修质量,那就划不来了。"

客户："噢，是这样呀。那就按正常时间收楼吧。"

案例中的销售员运用的计策就是让客户晓以利害，给对方施加了心理压力，在权衡之下，客户接受销售员提出的时间，放弃提前收楼。

当然，在使用这一心理策略的时候，我们还需要注意：

1.把握时机，到顺风顺水的时候再说话

比如，生意场上，在谈判中，有些时候你能清楚地感觉到事情正在越变越糟。这时应该采取守势，退后一步，现在的情势不适合马上反击。很多人在自己处于劣势的时候拼命地试图证明自己，其实不妨退守一步。记住，在你处于劣势的时候，不要急着马上反击，等一等机会总会到来，那时你才能出奇制胜。

2.胜者总是笑到最后，学会在最后表态

在最后说话的时候最大化发挥你的优势。先观察对手的动作，尽量让对手先表态，然后根据对方的心理变化适时地调整自己的策略，到最后的时候，一语中的，让对方心服口服。

心理话术

古语云："不到黄河心不死。"在我们与他人交流的过程中，出于某种原因，对方可能会一直否认某种观点。此时，我们要想让自己的想法影响到对方，首先要隐藏好我们的意图，然后引导对方多暴露自己，最终把握好时机，在关键时刻亮出底牌，成功说服对方！

妙用激将，激发对方的斗志

人们总有不服输的逆反心理：越是被否定，越是要证明自己；越是受压迫，越是要反抗等。正是因为人们有这样的心理，也就产生了激将法的心理策略。激将法，就是利用别人的自尊心和逆反心理的积极一面，以"刺激"的方式，激起对方不服输的情绪，将其潜能发挥出来，从而得到不同寻常的说服效果。

因此，生活中的人们，在正面影响对方心理不成的时候，不妨也采取这种心理策略来刺激对方，从而达到目的。比如，如果你求人办事，在请求没有用的情况下，你可以反向地刺激他，将对方激怒："你不去做，是因为你不敢去做吧？""我想你可能也没什么办法。"你这样说，对方心里一定会想："谁说我不敢？""你怎么知道我没有办法？""我偏要做给你看！"这样，你就达到了自己的目的。在运用激将这一手法上，诸葛亮可谓是运用得极为巧妙，尤其在选人用将上。

在刘备夺取汉中的作战中，诸葛亮就曾连续两次使用激将法，调动老将黄忠用智破敌的积极性，使这位年近七十的老将军，在这次作战中立下了汗马功劳。又如，诸葛亮首次下江东，履行联孙抗曹的使命。诸葛亮知道其中的关键是周瑜，而且他也知道周瑜的性格，于是他使用了激将法。他和周瑜见面时闭口不谈时局，却背诵了曹操的《铜雀台赋》，周瑜听罢勃

然大怒，终下抗曹的决心。这是为何呢？原来在曹操的诗中提到了"二乔"，大乔是孙策的妻子，小乔是周瑜自己的妻子，妻子都将要被人夺走了，他自然火冒三丈。所以，诸葛亮的激将法是成功的。

这一计谋通常在那些争强好胜的人身上更起作用。因此，在求人办事的时候，如果他们不买你的账，你不妨使用激将法。但我们在使用激将法时要看清楚对象、环境及条件，不能滥用。

那么，激将法有哪些方式方法呢？

第一，明激法。

明激法意在直截了当、充分利用对方的逆反心理，通过一阵"猛雷"给对方当头一棒，从而达到你的目的。比如，你可以这样说："我明白，您总不帮忙，可能也是心有余而力不足吧！"这句话在他心里的分量是很重的，因为每个人都不愿意被人看扁。

第二，暗激法。

暗激法就是借赞他人来贬损对方，达到激将的目的。

勾践出兵伐吴，半路上遇见一只眼睛瞪得大大的，肚子鼓得圆圆的，好像在发怒的大青蛙，于是，勾践手扶车木，向青蛙表示敬意。手下心下不解，问其缘故，勾践说："青蛙瞪眼鼓肚，怒气冲天，就像一位渴望战斗的勇士，因此我对它敬重。"全军将士都觉得受大王恩惠多年，难道还不如一只青蛙？于是相互劝勉，抱着坚定的信念，驰骋疆场，为国立下了战功。

心理话术

生活中，有些人，如果正面激励他完成某项任务或者帮我们办事的话，他会推三阻四，讨价还价，即便是勉强答应，也像欠了他莫大的人情。如果我们能将"激将法"这一攻心术运用得好的话，我们在说话办事时将会如虎添翼。

第 3 章

察颜观色，洞悉他人内心说对话

眼为心门，了解对方眼神里的含义

人们常说，眼睛是心灵的窗户。很多时候，眼神是无法掩饰的，因为它往往更能真实地表达出一个人的想法、态度以及心理状态。如果能够充分地理解别人的眼神所表达的意思，那么你就能够觉察到对方真实的内心世界，从而更好地与之交流。

在职场中，很多员工因为能够读懂老板的眼神，因而得到老板的重用。如果不懂得通过眼神读懂领导的心思，可能会铸成大错，甚至导致自己失去工作。

某天下午，领导突然召集大家开会。领导早早来到了会议室，对每一个进门的人都点头示意，只有小吴一进来的时候，领导将头一扭，没有再多看一眼。会议开始，领导目光扫视全场，眼神显得尤为愤怒，但是一到小吴这就目光一扫而过，和他几乎无对视，说道："我要对我们的员工提出批评，前天的广告设计竟然把人家的联系方式写错了，昨天客户打电话给我，很不客气地说了一通，说对我们公司的业务能力和工作态度表示怀疑。"领导说完，小吴一下就明白了，领导所说的设计错误是自己做的，领导批评的员工就是他自己。

老板愤怒的眼神为小吴敲响了警钟，在注意到领导的眼神之后，他就需要及时采取一定的措施，反思一下自己是否在工作上有疏漏之处，并及时弥补改正。不仅在职场，日常生活中的交流也要学会读懂对方的眼神。

那么，如何通过对方的眼神读懂对方的心灵，从而说正确的话、做正确的事情呢？

1.不同人的眼神

不同的眼神，反映着不同的内心世界。同样，不同的人，眼神也是不同的。自卑的人，眼神往往躲躲闪闪，很难长久地注视别人，一旦发现别人在注视他，就会将视线立即移开；性格内向的人，无法将视线集中在对方身上，即使偶然看对方一眼，也是一闪而过，这种人往往不善交际；三心二意的人，听别人讲话时一边点头，一边左顾右盼，从来不把视线集中在谈话者身上，这说明听话的人对说话的人以及说话人所说的话题不感兴趣；凝神倾听的人，总是将视线集中在对方的眼部和面部，以表示对对方的尊重和理解；心不在焉的人，注意力集中在自己正在干的事情上，非但不看对方说话，而且反应冷淡。

2.不同表情的眼神

一个人如果总是用仰视的目光看着对方,说明对对方有尊敬和信任之意;反之,如果总是俯视他人,则是在刻意维护自己的尊严。表示认可和欢迎的时候,人们总是伴着微笑且注视对方;反之,如果紧皱眉头,用焦虑的眼神看着对方,则表示担忧和同情。当一个人鄙视对方的时候,总是保持面无悦色的斜视;当一个人想讽刺另一个人的时候,总是用冷漠的眼神看着对方,然后突然一笑;当一个人突然用眼瞪人时,是在表示一种警告或制止;当一个人从头到脚地以挑剔的目光打量别人时,则是一种审视。

如果两个人彼此心存好感,那么说话的时候往往会注视对方的眼睛,以达到眼神的沟通、心灵的交流;相反,如果两个人话不投机,就会尽量避免注视对方的目光,以消除不快。此外,眯着眼睛看人也是不太友好的眼神,给人一种睥睨和傲视的感觉。

3.面对不同的交往对象,眼神也有所不同

在交往中,眼神和心理是互通的,如果能够将不同的眼神在实践中加以运用,对交往将大有好处。如果你想在和对方的争辩中获胜，那你千万不要挪开目光，以示坚定不移的决心；如果你希望给对方留下深刻的印象，你就要长久地凝视他的目光，以示自信；和一个初次见面的人交谈时，如果你想和对方建立良好的关系，至少要有60%~70%的时间注视对方，需要注意的是，不要一直直视对方的眼睛，可以注视对方的两眼和嘴之间的三角区域，这样才能准确而有效地向对方传递你友善的信息；在和陌生人的交往中，如果你想尽快和对方建立信任感，那么，在对方讲话的时候，你就要面带微笑，并且以期待的目光注视对方。

心理话术

在人际交往中，眼神的交流非常重要。很多时候，眼神是无法掩饰的，它往往更能真实地表达出一个人的想法、态度以及心理状态。

通过嘴巴的动态了解他人内心活动

泰勒和康赛维奇是美国旧金山史密斯-凯特威尔眼科研究

院的研究员，他们通过研究著名的《蒙娜丽莎》画像，发现人的嘴巴能够表达喜悦和悲哀的情绪，而眼睛却不能反映真正的表情，只能反映情绪的紧张程度。

通过这个试验，尽管我们并未否定眼睛的表情达意功能，但是却证实了嘴巴的动态也具有非常重要的表达功能。一般情况下，嘴巴相对比较灵活，能够做出不同弧度的动作。透过这些丰富的嘴部动作，我们可以了解一个人内心的情绪波动。

1.通过不同的笑，可以判断一个人的性格

微笑的人嘴角微微上翘，看起来很和善，性格内敛，沉默寡言，不善于与人交流，比较关注内心世界，心思细腻，擅长分析对方的言语；眯眼笑的人嘴巴的动作幅度比较小，很少开口说话，性格比较固执，认准了的事情很难改变主意，不喜欢与人交流，有的时候，即使知道的事情也佯装不知，看起来很温和，其实性格比较刚烈，因为不愿与人合作，因此很难成功；开口大笑的人嘴巴大张，性格豪放，做事不拘小节，光明磊落，缺点是没有耐心，遇到困难容易退缩。

2.从嘴角的弧度也能判断一个人的性格

喜欢把嘴巴缩起的人，做事认真细致，但很难敞开心扉，疑心病重；嘴抿成"一"字形的人是实干家，性格坚强，能够圆满地完成上司交代的任务，事业发展相对顺利；嘴角微微上翘的人活泼外向，心胸开阔，灵活机智，为人随和，很好相处；嘴角向下撇的人固执己见，很难被说服。

3.交谈时嘴角的动态能够反映出说话人的内心世界

说话时以手掩口的人性格内向，生怕被别人看穿心思；交谈时下嘴唇向前撇，表明不仅怀疑你所说的话，而且还想反驳你；上下嘴唇一起往前撇，表明此人处于防御状态；嘴唇的两端略微向后的人注意力比较集中，但是缺乏坚持的毅力，很容易受到他人的影响；在交谈时咬嘴唇或者双唇紧闭的人，可能是在反省自己，也可能是在用心地倾听或者分析对方所说的话；交谈时经常舔嘴唇的人正在压抑着自己紧张或者兴奋的心情。

总而言之，嘴巴的动态有很多种，在人际交往的过程中，如果能够细致地观察对方的嘴巴的动态，就可以洞察对方的内心世界，使交往更加顺利。

李航已经在公司工作了整整三年，每次加薪晋升都与他无缘。这一次，他终于忍不住想找老板提出加薪的请求。然而，怎样才能找到合适的时机呢？作为老板，当然不会喜怒形于色，因此职员很难判断老板的心情如何。李航整整观察了十几天，突然有一天，他发现老板看起来与往日不同——嘴角微微上翘，虽然几乎不易觉察，但还是被李航捕捉到了，由此，李航断定老板的心情很好。所以，处理完手里的工作后，李航来到了老板的办公室，以父母生病为由，委婉地提出了加薪的请求。果不其然，老板心情大好，他不仅痛痛快快地承诺从本月起给李航加薪20%，还称赞李航是个孝顺的好孩子。就这样，仅凭着一丝不易觉察的微笑，李航顺利地实现了自己的心愿。

由此可见，在职场中，无论是面对上司还是面对同事，都可以通过观察对方的嘴巴动态来了解对方的内心，从而更加顺利地实现良好的沟通。

心理话术

嘴巴的动态有很多种，在人际交往的过程中，如果能够细致地观察对方的嘴巴的动态,就可以洞察对方的内心世界,使交往更加顺利。

解析对方微表情,说正确的话

在人与人交谈的过程中,表情起着重要的作用,而且,有时候表情还能传达某些无法用言语表达的信息。在双方的信息交流中,表情是一种不可或缺的形式,丰富而微妙的表情是人们心理的显露、情感的外化。

表情分为面部表情、姿态表情、语调表情。面部表情是指通过眼部肌肉、颜面肌肉和口部肌肉的变化来表现各种情绪状态;姿态表情可以分为身体表情和手势表情两种;语调表情包括声调的高低、语速的快慢等。这三种表情构成了人类的非语言交往形式,心理学家和语言专家称之为体语。人们之间除了使用语言进行沟通之外,还可以通过由面部、身体姿势、手势、语调等表情构成的体语来表达自己的思想、感情和态度。在与人交往的过程中,如果能够掌握表情密码,就能使自己措辞恰如其分。

《红楼梦》里,湘云给袭人带来绛纹戒指,黛玉笑她"是个糊涂人",在"前日"没有让人把袭人的一同带来。为此,湘云做了一番分辩。这时,宝玉、黛玉、宝钗等几个人都笑了。宝玉笑道:"还是这么会说话,从来不让人。"黛玉听了,冷笑道:"她不会说话,就佩戴'金麒麟'了!"黛玉一边说,一边起身离开了。幸好,其他人都没有听见,只有宝钗抿着嘴儿一笑。不过,宝玉听见了,因此十分后悔自己又说错了话。然而,看见宝钗笑了,宝玉也情不自禁地笑了起来。宝钗见宝玉笑了,忙起身离开,去找黛玉说笑了。

尽管每个人都在笑,但却因为每个人心里所想的不一样,因此他们所表现出来的"笑"的神态语言是有差别的。黛玉的

笑是妒忌的笑，她担心宝玉会因为"金麒麟"与自己生隙，顿生妒忌之情，而且这样的心理影响了宝玉，"宝玉听见了，因此十分后悔自己又说错话了"；宝玉笑得很亲热，给人一种亲切的感觉，因为他习惯了与湘云开玩笑；宝钗的笑则是幸灾乐祸的；后来宝玉见宝钗笑了，也自我解嘲地"笑"了；但是，宝钗见宝玉笑了，却又忙着走开，去找黛玉"说笑"了，由此可见，宝钗的笑是为了掩饰自己与宝玉的相视而笑。

在现实生活中，因为性格、身份、经历不同，所以每个人的神态各不相同。我们总结了一些常见的表情密码，并且进行了解析。如果掌握了这些表情密码，在与人交往的过程中，说话就会更加到位，从而在人际交往中如鱼得水。

1.眼睛的解析密码

众所周知，眼睛是心灵的窗户，在交谈过程中，眼睛是仅次于语言的重要表达工具。人与人之间除了需要语言的交流，眼神的交流也是必不可少的。在交谈时，要用眼睛注视着对方，并且面带微笑，这表示一种尊重。当然，注视要掌握分寸，不能直勾勾地盯着别人看。眼睛既可以表达爱慕、喜欢、欣赏、赞美等积极的表情，也可以表达生气、愤怒、厌恶、鄙夷等消极感情。例如，当男人对女人说"我爱你"时，一定要含情脉脉地望着对方；当一个人生气时，人们往往用"眼中喷出了怒火"来形容。

2.嘴巴的解析密码

无论是谁，要想说话就需要用到嘴巴。毫无疑问，在沟通过程中，说话的一方必须用嘴巴来表达，在表达的时候，如果嘴角上翘，就表示说话人心情很好；如果嘴角下撇，则说明说话人很悲伤；如果嘴角一侧向上，一侧向下，则说明说话人带着鄙夷的态度；如果说话人嘴巴大张，半天合不拢，就说明说话人非常惊讶。当然，如果倾听者表现出这些嘴巴的表情，也代表同样的情绪。

3.姿态的解析密码

如果倾听者想表示"我对你说的话题很感兴趣"，他一般会表现出身体前倾，以头部动作和丰富的面部表情回应说话者。比如用微笑表示"赞同、认同你所说的一切"；点头表示"你说得对"；惊讶的表情表示"出乎意料之外"。当然，在整个倾听过程中，人们需要保持全神贯注的神态。此外，还有身体的姿态，也可以表现出人们的情绪。例如，笔直的站立表示很严肃、很庄重；松松垮垮的站立表示很放松、毫不设防；两只胳膊交叉抱在胸前则表示一种戒备、居高临下或者敌视的态度；身体倾斜、频繁看表、眼神四处游走，整个人显得心不在焉、无精打采,则表示倾听者很厌烦。

4.语调的解析密码

在恋爱的过程中,青年男女经常会向对方暗示"你不能和那个女生靠得太近""我很在意你""我正在吃醋"等信息。大多数情况下,除了利用面部表情之外,他们还会利用语调的高低来表达自己的情绪,以使对方理解自己的用意。比如,当一个女孩因为男朋友与其他女孩关系太近而生气的时候,她就会提高语调,加快语速,说话像连珠炮一样喷涌而出;当她很伤心的时候,她一般会降低语调;当她觉得自己受了委屈的时候,她会用非常温柔和缓的语调表明自己的内心,使男友产生不胜爱怜的感觉。

心理话术

如果你能够解析表情密码,就能够了解倾听者的喜恶,更为重要的是,可以通过倾听者的一颦一蹙的变化了解对方的内心世界,这样,就可以使自己所说的话更到位、更打动人心。

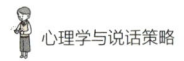

先看后说，从站坐姿势了解他人内心秘密

站姿和坐姿是人类最普通的姿势，在成长过程中，我们不止一次地听到长辈们教育我们要"坐有坐相，站有站相"。现实生活中，除了职业军人有整齐划一的坐姿和站姿外，普通人的坐姿和站姿各不相同。在人际交往中，不同性格和心理状态的人们有不同的坐姿和站姿。在人际交往的过程中，假如你能够在说话之前先仔细地观察一个人的坐姿和站姿，就能够很轻松地了解他的性格特征和心理状态。

1.不同的坐姿，体现不同的心境

（1）身体蜷缩。通常，自卑的人坐着的时候喜欢身体蜷缩起来，使自己显得比别人矮小，有一种自我封闭和自我保护的倾向。此外，焦躁不安或者极度紧张的人坐着的时候也会不自觉地蜷缩起来，从而避免引起别人的注意。

（2）跷二郎腿。由于腿部交叉位置的不同，跷二郎腿分为脚踝和膝盖交叉以及膝盖和膝盖交叉两种。在交谈中，如果一个人脚踝和膝盖交叉，就说明他争强好胜，自信心和控制欲都很强；如果一个人膝盖和膝盖交叉，就说明他对你怀有戒心，而且注意力根本不在你们的谈话上。

（3）正襟危坐。正襟危坐充分体现了入座者的拘谨和严肃。一个人，如果无论在什么场合都正襟危坐，那么就说明他性格内敛，认真严谨，墨守成规；一个人，如果只在陌生环境中正襟危坐，则是为了表示对对方的重视。

2.不同的站姿，体现不同的心境

（1）含胸驼背。性格保守、怯懦自卑的人喜欢含胸驼背。在性格上，这种站姿的人总是有强烈的自我防备心理。

（2）展示胯部。自信的人更喜欢展示胯部，尤其是男人，特别喜欢用这样的姿势来展现英雄气概。

（3）手插裤兜。相比之下，男人做这个动作的频率比女人高得多。采取这种姿势站立的人，性格保守，城府很深，从不轻易相信别人。

（4）单腿直立。单腿站立的姿势使人的重心放在一条腿上，表现出当事人拘谨、自卑的心理状态。有的时候，也可以用来表示保留态度或轻微拒绝。

（5）昂首挺胸。为了表现昂扬的斗志和高涨的士气，军人的站姿必须昂首挺胸。对于普通人而言，当我们觉得自己的身份和地位非常高贵时，为了使自己的形象显得更加高大，就会不自觉地抬头挺胸。

站姿就像性格的一面镜子，将一个人的性格折射得一览无余。假如你能够在开口说话之前，先观察对方的站姿，那么，在交往中就能占据主动，从而形成对自己有利的局面。反之，假如你不注意自己的站姿，就会被别人洞察你的内心。例如，有人就曾经在面试的时候，因为手插在裤兜里面而失去了工作的机会。

章华是某大学的一名大四学生，学习人力资源管理专业。他听说自己向往已久的一家大型国企招聘人力资源主管，因此便抱着试试看的心态投递了简历。虽然这家公司想招聘有工作经验的人，但是，因为章华的条件比较好，所以还是给了他一次面试的机会。

因为准备充分，所以章华顺利地通过了初试。复试的时候，由总监亲自当考官，不过，没有什么专门设计的问题，只是看似随意的交谈。总监很和善，章华在总监的引导下，有条不紊地回答着总监的提问，心情渐渐放松了。不知不觉之间，他把手插到了裤兜里，和总监侃侃而谈。不一会儿，谈话结束了，在章华离开之前，总监淡淡地提醒他道："小伙子，我认为你各方面的条件都很好，虽然没有工作经验，但却是个可造之材。不过，我想提醒你，下次面试的时候千万不要把手插在裤兜里！"听完总监的话，章华的心凉了半截，他知道自己已经失去了这个千载难逢的工作机会，而很大的原因就是不合时宜地把手插到了裤兜里。

面试的时候，无论和考官谈得多么融洽，都不能忘乎所以，一定要时刻牢记自己的身份和地位。事例中的章华，如果不是因为忽视了手插在裤兜里给人带来的不良印象，怎么会与心仪已久的工作失之交臂呢？由此可见，透过一个人姿势，的确能够洞察一个人的内心。在人际交往的过程中，如果不注意这一点，就会给自己带来损失。

心理话术

不管是坐姿还是站姿，都会透露一个人的性格特点和心理状态。无论是听别人说话，还是说话给别人听，在说话之前，最好先观察别人的站坐姿势或者先调整自己的站坐姿势，这样才能使谈话更加顺利地进行下去！

小小手势，是交流的重要突破口

在人类的各种肢体语言中，手势的动作幅度是最大的，方式也更加多样和灵活，能够生动地反映人类的内心世界。通常情况下，人们习惯于把双手放在身体前面，这样一来，就会很容易被别人观察到，即使手部的动作非常细微，也能反映出人们内心的微妙变化。

为了使大家更加系统地了解各种手势以及它们所表达的含义，我们进行了系统的归纳和总结：

1.手对头部的精细动作

手最常做的动作就是触摸脸部。通常情况下，用手触摸脸部的动作很容易使人联想到撒谎。不过，也有一些与谎言无关的动作，例如，听别人说话时，如果人们头部保持直立，手轻轻靠在脸颊上，就说明他们正在思考；如果用手抚摸下巴，则表明他们正在考虑怎样做出决定；如果用手托住脸颊，头轻轻地歪向一侧，就说明倾听者已经开始厌倦别人的长篇大论了。

2.手和身体配合做出的动作

通常，在手和身体配合做出的动作中，以双臂交叉于胸前、将手背在身后、双手叉腰最为常见。交谈时，常见的动作是双臂交叉于胸前,仿佛在自己和他人之间筑起一道屏障,从而将自己厌恶的人或事物挡在外面。这是一种典型的防御性动作,明确地表达了否定、防御和拒绝的意思。如果你观察得仔细,就会发现,即使都是双臂交叉于胸前,手部动作也会有一些细微的差别。如果双臂交叉的时候伴随着抓上臂的动作,就说明这个人内心紧张不安,希望以此来宽慰、安抚自己;如果双臂交叉的时候伴随着握拳的动作,就说明这个人带有明显的敌意。

如果你经常和领导接触,就会发现大多数领导都有一个不自觉的动作,即将手背在身后,将心脏、咽喉等易受攻击的身体部位暴露在外,这样能够显示出他们的勇气和胆量,给人一种权威、自信和居高临下的感觉。不过,需要注意的是,背在身后的双手一般都是松散地握在一起的,如果背在身后的双手是一只手紧紧抓住另一只手的手腕,就说明这个人的内心充满挫败感。

双手叉腰的动作最具攻击性,因为撇向外侧的双肘就像武器一样,能够起到威慑他人的作用。叉腰时,大拇指的指向不同,又有不同的含义:如果大拇指朝前,说明这个人充满了质疑;如果大拇指朝后,说明这个人的控制欲很强。

3.手部的动作

紧握双手并面带微笑地看着对方,给人一种自信的、胸有成竹的感觉。实际上，紧握双手的人有着深深的挫败感，内心拘谨和焦虑。心理学研究表明，双手紧握的位置越高，情绪越沮丧，挫败感越强。

自古以来，人们一直觉得摊开双手象征着坦率、诚实和谦恭。每当人们想坦诚待人的时候，为了表示诚意，就会情不自禁地摊开双手。喜欢看球赛的人会发现，大部分球员一旦被判犯规，就会耸耸肩表示遗憾，并且满脸无辜地摊开双手，以此来向裁判表明自己的清白。

生活中，很多时候人们都会摩擦手掌，其实摩擦手掌代表着丰富的含义，并适用于各种情境。摩擦手掌的时候，速度不同，反映的心理状态也不同。摩擦得慢，表明犹豫不决；摩擦得快，表明满怀期待。例如，在等待面试的过程中，面试者一边踱步一边搓揉手掌，说明他的内心紧张不安。

在职场中，如果能够详细了解这些手势的含义，可以帮助你更加顺利地获得成功。

小张在一家民营企业工作。最近，公司准备接手一家外企的大订单，成功与否将关系到公司全年的经济效益，因此，老板非常重视，再三叮嘱小张一定要全力拿下该订单。

经过一系列的准备后，小张带着项目书亲自到外企进行深入沟通，以使项目设计更加完美。在交谈的过程中，小张看到对方负责人拿出了一张A4纸，上面密密麻麻地写满了对项目的意见、建议以及不满意的地方。不知不觉间，对方负责人还把双臂交叉放在了胸前，脸上写满了质疑。见此情景，虽然对方负责人并没有明确说什么，小张却马上打起了十二分的精神，停止了解释，而是一项一项地开始按照客户的意见完善方案，即使觉得客户的方案不好，他也没有反驳，然后有理有据地把自己的设计方案为客户演示了一遍。在小张专业、敬业、耐心、真诚的演示下，客户的双臂渐渐地放了下来，投入了与小张的讨论之中。至此，小张才松了一口气。最终，他顺利地为公司签下了这个大订单。

以上事例中的小张，在客户把双臂抱在胸前表示质疑的时候，及时调整策略，成功地打开了客户的心扉，最终顺利签约。试问，如果小张看不懂客户的手势语言，而是选择一味地解

释，那么，客户肯定会认为他是在强词夺理，从而更加反感他。由此可见，熟知手势语言能使我们与别人的交流更加顺畅。

心理话术

手势语言能够生动地反映人们的内心世界。在职场中，如果能够了解这些手势的含义，就能帮助你更加顺利地获得成功。

第 4 章

玩转职场，有策略地说话让你左右逢源

赞美领导，更要注意分寸

心理学家曾经做过这样一个心理学实验：让两个下属去赞美他们的领导。第一个下属得知领导最近刚刚拿下了一个很难缠的客户，给公司带来了丰厚的利润。于是他找了个机会对领导说："领导天生就是做生意的奇才啊，我们以后要多多学习啦。"领导听了非常高兴。第二个人得知领导文笔很好，于是恭维他说："领导笔下生辉，就连鲁迅和茅盾都自愧不如啊。"领导听了，阴着脸半天没有说出话来。

同样是赞美领导，第一个下属的话说的恰到好处，博得了领导的欢心，而第二个下属的赞美则让领导不快。这究竟是为什么呢？心理学专家是这样解释的：所有的领导者内心之中都渴望着被下属恭维和赞扬，但是，恭维也要适度，才能恰到好处，分寸把握不好，则有可能让赞美变成讽刺，让恭维变成嘲笑。可见，在职场恭维领导并不是程度越高越好，而是合适才行。

曾国藩是清末一代名将。一天，闲来无事，他叫来幕僚们，一起谈论天下英雄豪杰。提到英雄，他说："彭玉麟与李鸿章均为大才之人，我自知不如他们，虽然我也可以自我吹嘘一番，但我实在不屑。"

一位幕僚逢迎说："不见得如此，三位是各有所长，彭公威猛，人不敢欺；李公精敏，人不能欺。"说到这里，他突然不知道该如何评价曾国藩了，一时语塞。见到有人要对自己评价，曾国藩好奇之心上涌，便穷追不舍问道："那么我呢？"大家你看看我，我看看你，都找不到恰当的词语来赞美曾国藩，只好哑言无语。

恰在此时，一个聪明的幕僚站出来，说道："曾帅仁德，人不忍欺！"众人拍手称好。

曾国藩十分得意，心中暗想："此人大才，不可埋没。"不久，曾国藩升任两江总督，那位机敏的下属便担任了盐运使这个要职。

那位下属的恭维，分寸把握得恰到好处，让曾国藩心花怒放，最终为自己的前途迎来了机遇。

那么，究竟如何才能将赞美领导的话说得恰到好处呢？

1.赞美用词一定要恰当

既然是恭维领导，那么赞美之词一定合适，要多拿些正面的例子来比较，让人感觉到骄傲，感觉到有面子。忌讳用一些贬义的词来赞美，这样的赞美无疑表达的是讽刺。

2.勿夸大其词、胡乱吹捧

有些人恭维领导的时候，觉得把领导说得越伟大，越能把领导哄高兴，事实上并非如此，过于夸张就会引起别人的怀疑，就连领导本人也会觉得很没面子。同时，过度的夸奖有时也是对领导的嘲笑。这一点，在表达赞美和恭维的时候要注意。

3.表达情感不要太肉麻

有时候在表达赞美和恭维的时候，往往需要恭维者表达情感，才能让赞美听上去更加真实。但是，情感表达一定要适度，不要太肉麻。不要让领导听着不但没有一点开心，反而鸡皮疙瘩起了一身，这就失去了赞美的意义。

心理话术

人都有虚荣心，都渴望听到别人的赞美和夸奖。尤其是作为领导者，更渴望得到下属的恭维，以此在内心深处不断地强化自己的领导身份。然而，恭维的"度"要恰到好处，不能太弱，让领导感觉不到，内心也不会起涟漪；也不能太强，让领导感觉不是在夸赞他，而产生不悦。

巧妙汇报工作，让领导对你更放心

心理学家曾经做过这样一个心理学实验：让一个在工作中出了纰漏的下属去给两个领导汇报工作。他对第一个领导说："非常糟糕，我把两个客户给得罪了。不过好在我还发展了另外两个。"领导听完后满脸的不高兴，责备他说："你是怎么搞的！"挨了批评之后，他去给另一个领导汇报，说："真是一件值得庆祝的事情,我成功地发展了两个客户。只不过出了点小纰漏,另外两个客户没有做成功。"领导笑呵呵地说:"没关系,工作中难免会出现点小问题。"

同样是一项工作,汇报时的方式不一样,领导的反应截然相反。这究竟是为什么呢?在这里,心理学专家做出了这样的解释:人的内心有一种"先入为主"的效应,意思是最先听到的话往往成为整个谈话的基调,直接影响着后面的谈话。先听到的是好消息，那么会使听者心情愉悦，觉得你说的话是好事情，即使再说坏消息的时候，注意力也不会转移，大大降低了坏消息的程度。相反，如果一开始听到的是坏消息，听者会形成一种坏感觉，即使后面的好消息很振奋人心，对方也高兴不起来。基于人们的这种心理，在向领导汇报工作的时候，应先报喜后报忧，赢得领导的认可和肯定。

阿文被领导派去拜访一位非常难缠的客户。见了客户之后，他费了好大的劲，终于拿下了这位客户。回来之后，阿文去向领导汇报工作。阿文对领导说："经理，我终于拿下这个客户了。"经理笑着说："真的吗？"阿文："一开始，客户不见我，等了一个下午，在这个过程中我和他的秘书聊了一会儿，获得了很多信息，在谈判中起了很大的帮助。"领导听了笑得合不拢嘴。

阿文接着说："不过，这位客户真的很刁钻，我一再强调让利5个点，他却非要6个点，眼看着合作就要失败，我想即使答应6个点，我们也有很大的利润，这相比失去这个客户来说，我们还是赢家。"经理听了，点了点头。

阿文的工作可以说是没有做到完美，可是他却得到了领导的表扬。这是因为他在汇报工作的时候应用了"先入为主"的效应，在第一时间内定好了谈话的基调，让领导的内心之中产生了"成功"的感觉，即使在后面汇报工作中的失误时，也被领导内心的这种美好的"成功"感觉淡化了。

那么，究竟怎样巧妙的汇报工作才能获得领导的认可呢？

1.报喜的时候，多说自己的付出

作为下属，在汇报好事的时候，一定要记得多强调自己的付出，让领导会觉得因为你的努力才取得好成绩。

2.报忧的时候，多说前景少说损失

在报忧的时候，如果你看到的是损失，领导内心会感觉到"失败"，势必会遭受领导的训斥。如果你换种思维，多说相对利益，少说损失，那么领导会觉得尽管事情不完美，但是一样取得了成就。这样，坏事无意当中变成了好事。

3.喜忧兼报时，要先报喜后报忧

在喜和忧兼有的时候，要学会先报喜，后报忧。你的高兴事把领导哄得心花怒放，然后再报忧，领导会觉得总体上是取得了一定的成就，有点小问题也是避免不了的。如果你先报忧再报喜，则会让领导觉得总体上失败了。

心理话术

心理学专家研究表明：每个人内心都有一个对需求的期

待。当这种期待被满足了之后，整体感觉是良好的。相反，如果这种感觉遭到了破坏，心里自然不满足了。"先入为主"的理论说的就是这个道理，让好事迅速地占据领导的心，定好基调，再说坏事，让领导的心理需求得到满足。

领会领导意图，话要说得贴合人心

心理学家曾经做过这样一个心理学实验：分别让两个刚毕业的大学生去给领导做秘书，第一个大学生跟着领导去参加客户的欢迎会，其间领导使眼色让他恭维客户，给客户敬酒，结果大学生说："我刚毕业，对应酬上的事情懂得不多。"客户哈哈大笑了起来，领导的脸色非常难看。同样，让第二个大学生也去跟随领导会见客户，他接到领导的指示后，说："您的大名，我们如雷贯耳，今天能够得以相见，真是三生有幸。来，我代表我们公司敬您。"客户谦虚地笑了，领导也非常高兴。

同样是跟随领导应酬客户，两个人的表现截然不同，客户的反应大相径庭。在职场上，领导更喜欢能察言观色、一点就通的聪明人，他们更能得到领导的青睐和重用。基于人们

的这种心理，职场新人要学会察言观色，在合适的场合下说合适的话。

这天，一个大客户找到了公司，要求经理作出答复。原来不知是谁之前在经办业务的时候以次充好，发出去的货大多数都有质量问题。负责的销售员已经离开了公司。尽管经理在赔不是，但是客户看起来并不买账。这着实让经理非常的为难。

恢宏恰巧找经理有事，来到了办公室，经理赶紧使了个眼色，恢宏对客户说："实在对不起，您的货是我发的，我在发货的时候疏忽了。"

客户厉声斥责了恢宏，恢宏除了一个劲地赔礼道歉之外，并没有做过多的狡辩。最后客户的情绪慢慢地稳定了下来。恢宏趁机说道："你看这样吧，我给您重新发货，途中的所有费用都由我来承担。"客户没说什么，表示默许。客户离开后，经理拍着恢宏的肩膀说："小伙子，好好努力吧，我很器重你。"

一个月之后，恢宏被提拔当上了销售主管。

恢宏突然出现在办公室，见经理在使眼色，很快便明白了是怎么回事。于是主动承担责任，把经理的围解了。在职场上，这样的员工更能懂领导的心思，把话说得恰到好处，因而更能得到领导的重用。

有时，说话不合适会带来很严重的后果。

有个女孩平日里和领导的关系很好。有一次，一位非常重要的客户来公司和领导洽谈合作的事情。期间，经理示意她给客户倒水，女孩嘻嘻哈哈地说道："经理，你的眼睛怎么了啊？是不是昨晚没睡好啊？"经理僵硬地笑着说："没有，没有，挺好的。"没过多久，女孩就被派到车间了。

女孩不能很好地理解经理的意思，不但没有把事情做对，还在客户面前留下了不好的印象。

那么，在职场上究竟怎样才能做到察言观色，说应景的话呢？

1.眼神要经常放在领导身上

一些在职场里如鱼得水的人和领导在一起的时候,目光始终注视着领导,这样才能及时地接收领导发出来的信息和要求。否则,领导再给你使眼色,你接收不到,更谈不上看领导的眼色行事了。当然,你也不能一直盯着领导看,这样会让领导感到非常的不舒服。

2.集中注意力听领导的话中话

有时候,领导在使眼色的同时,说话的时候会有弦外之音。作为下属,要集中注意力听领导的话,弄明白领导的暗示究竟是什么意思。比如领导和你去给客户接风,领导说我们很期待客户的到来,这时候作为下属,要及时接领导的话,给客户敬酒,表达渴望和期待之情。

心理话术

心理学家研究表明:每个人都渴望别人能更多地理解自己的心思,对越能读懂自己的人往往觉得越有默契。同样,在职场上,要经常跟领导进行眼神交流,及时读懂领导内心的所思所想,在适当的场合说合适的话,赢得领导的喜欢和重用。

言谈谨慎低调，避免成为他人嫉恨的对象

心理学家曾经做过这样一个实验：让两个刚从高等学府毕业的学生分别进入一家公司的两个部门工作。第一个学生心高气傲，仗着自己的高学历和过硬的技术，和同事说话的时候总是流露出轻蔑的神态；而第二个学生尽管业务能力也很强，但是说话比较谦逊，做事比较低调，和同事们能打成一片。没过多久，第一个学生遭到了同事的排挤，不得不辞职，而第二个同学则晋升为部门经理。

同样是两个高等学府的高材生，言谈举止之间流露的情感不一样，最终在职场的发展截然不同。这涉及心理学的一个概念"需求定理"。"需求定理"说的是每个人做任何一件事情都是带有一定需求的。尊重并满足别人的需求，别人才会尊重我们的需求。这种需求的互相尊重是建立和谐人际关系的基础。基于人们的这种心理，我们要想获得别人的认可，就要先去认可别人。在这个过程中，谦逊是最好的武器。

科研所的小王是名牌大学毕业，非常有才华，刚工作不久，就带领着同事们主攻一个有难度的科研项目。凭借着扎实的基本功，小王在同事的大力配合下，圆满地完成了科研项

目。在庆功宴上，小王不可一世地夸耀自己的功绩。

庆功宴结束之后，小王的朋友就劝他："你怎么可以那么说呢？你说话就不能谦逊一些吗？"小王不以为然地说："我有能力才敢吹牛皮，给他们去吹，他们有那个能耐吗？"渐渐地，小王觉得同事们都在有意无意地和他作对。事实上，从那之后，小王再也没有研发成功过项目。

小王取得了一些成绩之后就不可一世，不把同事们放在眼里，结果遭到了同事们的排挤，慢慢地被淹没了。心理学家表示：任何人都渴望被尊重，希望能被别人重视，只有受到了精神上的认可，他们才会去尊重你，去认可你。人与人之间彼此需要才能更好地相处。因此，在职场中，在和同事的相处中，言语要谦逊一些，把尊重和爱给予同事，他们才会喜欢你。

那么，究竟怎样才能让自己的言谈谦逊一些呢？

1.说话时态度不妨诚恳一些

每个人都有戒备心理,尤其在没有确定对方是否友善之前。因此,在职场里,说话不妨诚恳些,口气缓和些,语调温柔些,不要引起别人心里的抵触和对抗情绪,这样才能得到别人的欣赏和喜欢。

2.不要卖弄自己的才华

在一个集体里,难免会有一些出类拔萃者,由于他们的学历高、技术硬,因而会鹤立鸡群。对于一些普通人来说,无法与这些人比肩,就会形成对抗。对于这些人来说,说话的时候千万不要卖弄你的才华,否则你就是大家的眼中钉、肉中刺了。

3.坦诚地和每一个人去交流

每个人的理解能力不一样,往往在工作中的表现也不一样。有的人很优秀,有的人会有些笨拙,这就要求我们在和他们交流的时候不要戴有色眼镜,要坦诚地去对待每一个人,赢得他们的尊重和欣赏。否则,你在大家的心里便不会有好口碑,遭人妒忌和排挤是难免的。

心理话术

你需要别人、尊重别人,别人才会同样的需要你、尊重你，这是建立和谐人际关系的前提和基础。在职场中，和同事相处时，言谈要尽量表现得谦逊一些，不管你有多优秀，都要牢记这一点。

学会自我表达，让自己在面试中脱颖而出

心理学家曾经以面试为案例进行分析，当面试官要求求职者进行自我介绍的时候，有的人说了很多，却没有把自己介绍清楚，有的人草草说了几句应付了事，只有一位女孩简明扼要地介绍了自己，给在场的每一个人都留下了清晰的印象。结果，面试官在不考虑其他因素的前提下，迅速地做出了决定，要录取这位女孩。

自我表达只是面试的一个环节，为什么面试官没有考虑别的因素，就迅速地做出了选择这位女孩的决定呢？这涉及一个心理学的概念"首因效应"。"首因效应"讲的是人与人之间第一次交往时给人留下的印象，在对方的脑海中占据着主导地位，一旦形成便很难改变，直接影响着此后的接触和交往。可见，要想在面试中留下好的第一印象，那么就要抓住自我表达的机会，为你的职场生涯走好第一步。

一次,一家大型企业在招聘人才,他们急需要一位技术研究型人才。在收到的众多简历中,刚好有这么一位博士生。于是负责招聘的人事经理对这位博士生抱有很高的期望。但当这位博士生来到人事处面试的时候,非常紧张。人事经理让他简单地介绍一下自己,博士生语无伦次地说了几句。人事经理很不满意,于是不断引导,可是博士生紧张得低着头,不再说话了。博士生的表现让人事经理非常失望,最后他不得不忍痛割爱,放弃了这位博士生。事后,人事经理说:"我们确实需要这样一位高材生,但是连基本的沟通都困难的人,又怎么能够担当重任呢?"

博士生在面试的时候,表现得非常差,给人事经理留下了很坏的印象,结果只能与好工作擦肩而过了。心理学家研究表

明：在人际交往过程中，第一时间留下的印象非常重要。与一个人初次会面，45秒内就能产生第一印象，这一最先的印象对他人的社会知觉会产生较强的影响，并且在对方的头脑中形成并占据着主导地位。

可见，面试中的自我表达极其重要，对于职场新人来说，一定要注意这个环节。那么，在面试环节中究竟要如何进行完美的自我表达呢？

1.声音要洪亮，吐字要清晰

声音洪亮的人往往给人留下比较自信的印象。同样，吐字清晰则能增加听众的心理愉悦程度。在面试中，声音洪亮，吐字清晰的人能获得面试官的青睐，赢得更多的工作机会。

2.逻辑清晰，表达简明扼要

同样是表达，有些人逻辑思维能力很强，说话简明扼要，能说到点子上，给人留下干脆利落的感觉；而有些人尽管表达很多，但是逻辑很混乱，废话很多，这就让人觉得很拖沓。事实就是如此，对于企业来说，更多的是需要员工的执行力，一个连话都说不利索的人又怎么能把工作做得干净利索呢？

3.不妨用创新思维展现优势

每个人都有好奇心，当一个新鲜事物出现在眼前的时候，人们往往有很大的兴趣，继而留下很深的印象。在面试中，如果你的表达有点创意，便会让面试官眼前一亮，继而产生良好的第一印象。

心理话术

"首因效应"就是说人们根据最初获得的信息所形成的印象不易改变，甚至会左右对后来获得的新印象。事实证明，第一印象是难以改变的。"首因效应"在职场上到处可见："新官上任三把火""早来晚走""恶人先告状""先发制人""下马威"等，都是利用首因效应占得先机的做法。

奖惩下属的言辞，要把握好分寸

心理学家曾经让一个领导分别去赞扬和批评两个下属。对于一个表现优秀的下属，领导说："你的表现真是太好了，我非常的满意。"对表现不佳的下属说："你是怎么回事，笨得像头猪一样！"受到表扬的下属非常高兴，可是从那以后工作怠慢，效率变得非常低。受了批评的下属非常自卑，工作也没有了热情，没过多久就辞职离开了。

不管是表扬还是批评，下属的表现都非常不好，这究竟是怎么回事呢？心理学专家给出了解释：人的内心有被需要的期待，满足这种期待会让他们得到更多的认可和肯定。但是，如果你的肯定超过了对方的心理期待，就会让别人居功自傲，产生骄傲自满的情绪；相反，如果你不能满足对方的心理期待，也会让他们灰心失望，产生自卑的心理。基于人们的这种心理，在表达表扬和批评的时候，一定要把握住"度"，把合适的评价送给适合的人。

过度的表扬有时会产生非常显著的负面影响。

在编辑部，有一个叫雯雯的女孩工作起来非常认真，多

次得到了主编的表扬。这天，她的一篇文章登上了全国著名的报纸，主编在大家面前表扬她说："雯雯的工作能力是你们当中最强的，工作态度也是你们当中最好的，我们大家都向她学习。"从那之后，雯雯工作起来漫不经心，当有同事向她指出了之后，雯雯不以为然地说："你什么水平，敢说我，有本事，你也让主编夸一下你啊！"从那之后，没有人再帮助她了。没过多久，雯雯因为工作态度不端正被编辑部辞退了。

可见，对下属的表扬要掌握"度"，否则超过对方内心的期许之后，容易让下属产生骄傲自满的情绪，这对开展工作是极其不利的。

那么，作为领导，究竟怎么表达奖罚才算合适呢？

1.批评时要懂得尊重对方

人在受到批评的时候，往往内心会很不舒服，觉得自己受到了伤害。但是，作为领导，不批评下属又是不可能的。那么，在批评的时候一定要注意言辞和情绪，尽可能地去保护对方的情感少受伤害。如果可以，在表达了批评之后要和下属进行良好的沟通和交流。

2.表扬时不要把对方推到"最高点"

每个人都希望自己能不断地进步。作为领导，表扬下属的时候不要轻易把他们推向心理期待的"最高点"，否则会让

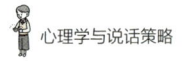

他们产生骄傲自满的情绪而不思进取。比如，"你是最优秀的""你永远是第一"等，这样的话最好别说。

3.批评和表扬同时进行最合适

任何人都不是完美无缺的。这就告诉领导，在表达表扬的时候，也给他提一些小要求，这样能在一定程度上避免下属产生骄傲自满的情绪；在表达批评的同时，也要对他们进行一些认可和肯定，不要全盘否定，避免下属产生自卑的情绪。

心理话术

心理学专家研究表明：每个人内心都有一个心理期待，同时也有一个上下滑动的弹性机制。因而，在表达表扬和批评的时候，一定要掌握"度"，不要超出了他们的心理承受范围。

第5章

提升气势，营造心理优势的说话方式

适时地变化语调，传递自己的心声

语调，就是说话的腔调，包括说话声音的高低变化、快慢（即声音的长短和停顿）以及轻重等。在口语交际中，语调往往比语义能传递更多的信息，能对听众的心理产生极其微妙的特殊作用，因此也更为重要。

希腊哲学家苏格拉底说："请开口说话，我才能看清你。"人的声音是个性的表达，声音来自人的内心，是一种内在的呈现，因此，你的声音中可能会透露出畏惧、犹豫和缺乏自信，也可以透露出喜悦、果断和热情。我们说话的声音，也须和音乐一样，只有渗进人们心中，才能达到说服别人的目的。

那么，我们该如何控制好自己说话的语调音色呢？

1.掌握富有特色的各种句调

一句话之所以富有表现力，是因为它富于变化性——高低不同，快慢不一。而声音的高低取决于声带的松紧，声带拉紧，声音就变高；声带放松，声音就变低。声带的松紧是可以控制的，因此，声音的高低也是可以改变的。

我们说话时，要使我们的话如同音乐一样动听，就要注意语调的快慢高低。比如，在表示有疑问的时候，你可以稍微提高句尾的声音；要强调的时候，声音的起伏可以更大些；要表现强烈的感情时，可以把调子降低后逐渐提高。

2.让你的语调抑扬顿挫

语调越多样化，越生动活泼，其吸引力就越大。分寸感是语调正确的首要条件。每句话都可以采用不同的语调，但不同的语调给对方的信息刺激也是不同的。比如，同样一句话，由于语调不一，就可能给人不同的理解，文明的语言也可能传达不尊敬对方的信息；相反，有些不礼貌的语言在非常亲近的人当中，却给人一种亲密无间的感受。这要视谈话对象的性格和具体的谈话环境而定。

心理话术

语调对于有声语言表达的效果有着重要的作用。语调不仅能成功地表达一个人的心理和性格，还可以表达说话者微妙的感情。不同的语调，会给对方带来不同的感觉效果。一句话起什么作用，产生什么效果，给听者什么感受，与说话者的语气和语调分不开。

提问与反问，助你掌控说话的主导地位

陈述一件事，提问、反问等比平铺直叙更能产生积极的语言效果。从听者的心理角度分析，如果我们平淡地对其陈述一件事，是没有加入说话者的个人情感的。而提问和反问，则表示了说话者的疑问和质疑等，更能让问题起到深入人心的作用，也更能让说话者增强说话的气场。

1.反问

所谓"反问",就是用否定的形式来表达肯定的意思,答案已寓于问句之中,它比正面发问更有力量。反问还有一个妙用,就是在有些问题不便答复又不便回绝时,就可以用反问挡驾。

民间有这样一个故事:

有一个地主待长工很刻薄,半夜里就催长工去干活。长工说:"等我缝完了衣服就去。"地主冷笑说:"天这么黑,你怎么看得见?"长工立刻反问道:"既然天这么黑,又怎么能干活呢?"一句反问,驳得地主哑口无言。

以上事例生动地说明，无论是阐述自己的观点或反驳对方的荒谬，巧妙地运用反问的效果比陈述句更加强烈。

2.提问

当然，除了反问这一语言策略外，还有提问。有问，有答；问什么，答什么；怎么问，怎么答，这是有一定规律的。作为言语策略，提问和答问在言语交际中，又往往不是这么简单的，而是变化无穷的。

唐庄宗李存勖是一个昏庸无道的君主，他极爱打猎。

有一次，他带领人马杀气腾腾来到中牟县打猎。中牟县令闻讯赶忙前去迎驾。县令跪在庄宗马前，为民请命，希望在打猎时不要践踏农民的庄稼。庄宗大怒，呵斥县令道："你给我滚开！"

伶官敬新磨见势不妙，便带领他的伶人把县令捉至庄宗面前，斥责他说："你身为县令，难道不知道我们的天子爱打猎么？"

县令低着头说："知道。"伶官道："既然知道，你为何要放纵你的百姓种田来向皇上交纳赋税？为什么不让你的百姓饿着肚子把田让出来给君王打猎？你说，该当何罪？"说完，便恳请庄宗杀掉县令。其他伶人也一齐唱和道："请君王让我们把他杀掉！"

庄宗听后一笑置之，让大家放了县令。

这则故事中的伶官是个智者，面对昏庸无道的皇帝即将杀害忠臣良将，他并没有直接阻止，因为这样做的结果只能是让自己也招致杀身之祸。因而，他选择了反问式的幽默。于是，唐庄宗自己得出了正确的结论，放了县令。

心理话术

在与人沟通的过程中，提问和反问的作用是加强语气，把本来已确定的思想表现得更加鲜明、强烈。同时，它还能通过加强语气来增强说话者的气场，最终起到加深听者对所述事物的认识的作用，达到言简意赅、引人注目的效果。

说话沉稳有力，更易让人信任

生活中，与他人交流的时候，我们可能都有这样的感受：如果对方说话掷地有声、字字清晰，我们便认为他的话是值得信任的，而相反，如果对方说话底气不足，甚至言辞闪烁，我们便会怀疑其话语的可信度。同时，说话沉稳有力也是一个人有自信心的表现。

羞涩的陈杰毕业后,和很多朋友一样做了销售员。但面对客户,他从来都是面带羞怯,举止非常小心,甚至说话都结巴,声音小得只有他自己听得见。

"我想今天可能没有我的订单,是吗?"他小心翼翼地对客户说。

"什么?你再说一遍。"客户在电话那头说道。

"我想问的是……今天……是不是没有我的订单?"陈杰支支吾吾地再次说了一遍。

"不知道你说的什么,再见!"客户就这样挂了他的电话。

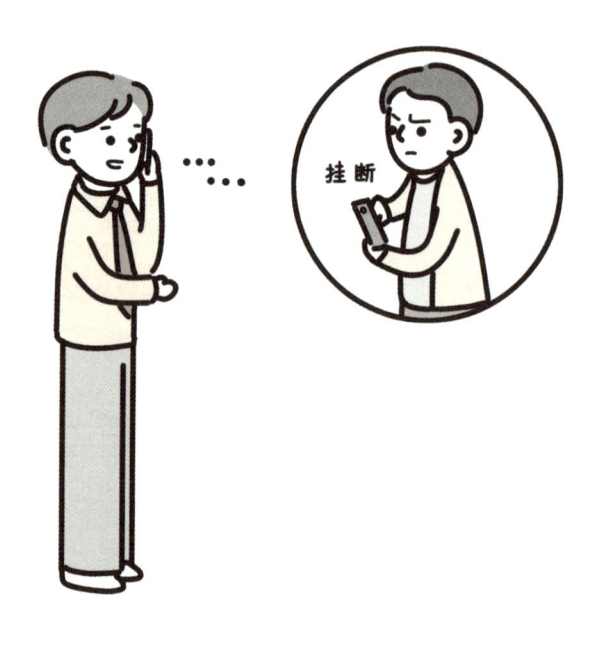

可能很多人都和陈杰一样，在与人说话，尤其是与客户交流的时候，因为对方是买方，他们对客户的态度往往带着歉意，小心翼翼地奉承客户，甚至都不敢提高说话的音量。客户在面对这种销售员时，往往感到不耐烦，他们可能会生硬地拒绝、冷落怠慢或者有礼貌地请他走开。总之，客户是不愿与这样的人做生意的。

同样，生活中，无论我们与谁交流，都必须是自信的。只有自信，才能让别人相信我们。而要做到这点，就必须提高说话的音量，使声音沉稳有力。

1.把控好音量，大小适中

适中的音量是良好素养的表现。音量太大，会给人一种压迫感，让人反感；而音量太小，则显得自信不足，没有说服力。

2.吐字清晰

清晰的发音习惯会让你的声音变得更动听。为此，你必须要改正吐词不清的习惯。

3.语气中肯，语言肯定

说话时不要迟疑不定、吞吞吐吐，要中肯、自信、果断。也尽量少用一些不确定性的词语，诸如"大概""也许"等。

4.避免烦琐、唠叨

重复说同一句话或一直表达同一个意思是不自信的表现，也会让对方产生不耐烦的情绪。为此，在说话前，你需要先整理自己的思路，用最为简洁、清晰的词语来表达自己的观点，进而在较短的时间里给对方一个清晰的概念，使对方感到愉快。

心理话术

人们对以声音为主要物质手段的语音的要求很高，既要能准确地表达出丰富多彩的思想感情，又要让对方产生信任感。为此，说话过程中，应根据说话的内容，把握你说话的力度，做到沉稳有力，以使人感到信任。

说话有气力，语言更有震慑力

现实生活中，很多人都为自己说话缺乏震慑力和分量而苦恼。其实，打动别人不但要有好的口才，更是一种微妙的心理互动，是心理需求和心理动机在不断改变的过程。社会心理学家研究发现，说话时讲究心理战术，才能让说的话更有说服力。而要让你的话语更有分量，就必须在你的声音中加入更多的气力。

在《三国演义》中，有一段张飞吓死夏侯杰的故事，故事内容是这样的：

飞乃厉声大喝曰："我乃燕人张翼德也！谁敢与我决一死战？"声如巨雷。曹军闻之，尽皆股栗。曹操急令去其伞盖，回顾左右曰："我向曾闻云长言：'翼德于百万军中，取上将之首，如探囊取物。'今日相逢，不可轻敌。"言未已，张飞睁目又喝曰："燕人张翼德在此！谁敢来决死战？"曹操见张飞如此气概，颇有退心。飞望见曹操后军阵脚移动，乃挺矛又喝曰："战又不战，退又不退，却是何故！"喊声未绝，曹操身边夏侯杰惊得肝胆碎裂，倒撞于马下。操便回马而走。于是诸军众将一齐望西奔走。

当然，现实生活中"被吓破胆"的情况是不会出现的，但我们可以发现一个人说话底气十足对听者产生的心理作用。一个说话底气十足的人往往比那些说话轻声细语的人更有威力和

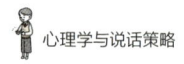

震慑力。但这并不是说，声音的强度越大越好，一般来说，最佳的声音是：

1.吐字清晰，节奏自然，语气得当。

2.声音悦耳动听，清澈洪亮，气力十足。

3.区分轻重缓急，随感情变化而变化。

而相对于以上三点而言，人们在说话时却常常出现这些毛病：声音或飘忽不定，或音量过高，或音量过低，或生硬呆板，没有表现力等。所有这些，都会影响听众对你所说内容的理解。

总之，从语言表述角度看，讲话时必须做到发音正确、清晰、优美，词句流利、准确、易懂，语调贴切、自然、动情。

下面是几个训练我们说话气力的小技巧：

1.降低喉头的位置：放松你的喉部，并不断放松。

2.感受胸腔共鸣：你可以微微张开嘴巴，降低喉部位置，声带一张一合，慢慢体会胸腔的震动。

3.打牙关：所谓打牙关，指的是不断地张合槽牙，此时，用手去摸后槽牙的位置，看看是否打开了，然后发出一些元音，如"a"，感受自己声音的变化。

4.提颧肌：面带微笑，嘴角微微向上翘，同时感觉鼻翼张开了，试试看，声音是不是更清亮了。

5.挺软腭：打一个哈欠，顺便长啸一声，当然，你需要注意周围有没有人。

心理话术

生活中，人们在说话时总是会呈现不同的语言特色，对于那些说话底气十足的人，人们会觉得他有能力且心理素质好，容易对他产生信赖感。因此，与人说话，不仅要从容大方，还要提高自己的音量，说话要有底气。

沉默是金，少言者拥有大智慧

心理学上有一种现象叫"空白效应"，指的是故意设点悬念、吊一吊胃口，给他人留下想象的空间，更能激发人的好奇心和求知欲，让大脑变得活跃起来。我们与人交流的时候，如果想要自己的言辞更加有力，并让自己说话时产生强大气场的话，不妨也做到适时沉默。

一次，有位老师朗读课文《孔乙己》，当他读完最后一句"——大约孔乙己的确死了"，全班学生全体肃然，课堂顿时陷入沉寂之中——他们沉浸在思考中，这是孔乙己的悲剧引发了他们的思考。这位教师维持着这种"课堂空白"，并不急于讲课，而是让学生继续自己去咀嚼、体味文章的内涵。两三分钟后，一个学生长吁了一声，课堂又活跃起来了。这位老师马上抓住时机提问："孔乙己这个人似乎很可笑，但你们读完之后，还笑得出来吗？有什么感想？"学生们异口同声地回答："即使笑，也是沉闷压抑的""孔乙己既可怜又可气"。"好！"这位老师感到很满意，因为他并没有讲解，但是学生正确理解了教材的意图。

在课堂上，老师适时沉默，让课堂教学取得了良好的效果。生活中，我们与人沟通，有时候，不妨也适时沉默，也许会事半功倍。比如演讲时设个伏笔，让人不得不跟着你的思路；给他人提意见时，说个引子就打住，让对方自己反省，可能印象更加深刻。

另外，从心理学的角度看，人们对于那些懂得"三缄其口"的人更易产生好感。自古就有谨慎说话的名言，如"吉人之辞寡，躁人之辞多""丧家亡身，言语占八分"。但许多人仍有"话多"之毛病，聒噪喧嚣，令人厌恶。

可见，在日常交往中，说话可以表现出一个人的开朗、诚恳，但滔滔不绝、没有节制的说话也会表现出虚伪或缺乏自制力。因此，要掌握好说话的度，尤其在社交场合，做到表情达意即可，切勿大发议论，让人生厌。

那么，我们该怎么留空白、适时沉默呢？

第一，要掌握火候。

也就是说，沉默要把握时机。比如尽量在对方心存疑念、渴望得到答案时候沉默，这样，能很好地起到吊胃口的作用。

第二，要精心设计。

我们要学会找到"引"与"发"的必然联系。当问题产生后，可以对对方适当点拨，使对方有联想，然后以"发问""激题"等方式激起对方的思维，让其自己获悉答案，以此填补思维空白点，获取预期的效果。

总之，适当沉默是处理人际关系的无声"武器"，它会让你在与人沟通的过程中畅通无阻。不过到了该你说话的时候，众人都等你表态提议,你若三缄其口,是会惹大家不满意的。所以到了必要的时候,还是要大胆开口,当然也要讲究艺术,小心用词。

心理话术

人有时要说话,有时要沉默;要学会说话,也要学会沉默;要善于说话,也要善于沉默。正如一位哲人所言:沉默是金,说话是银。如果你能把沉默这"金"和说话这"银"打造成合金,那么你将无往不胜,无坚不摧。

不露声色,表情严肃让话语更有份量

我们可能都有这样的生活体验:在嘈杂的市场里,卖货的人一口一个"帅哥"或者"美女",为何他们称谓礼貌,却无法让人感到他们的称赞是真实的呢?因为他们满脸带笑,有失沉稳。可见,与人交往的过程中,不要总是"卖弄你的笑脸",尤其是在那些庄重的场合。这样做,要么让人生嫉或生厌;要么让人觉得你夸夸其谈;要么让人觉得你酸腐;

要么让人觉得你不成熟稳健。而且，这样又会让人看穿你的想法。

事实上，真正会说话的人即使不露声色，也能让人感受到他的强大气场。

当然，人际交往中，那些总是不苟言笑的人，也是无法获得他人好感的。说话有气场并不是说要使人畏惧，而是要达到言语深入人心的效果。可见，你必须掌握好"笑"与"不笑"的度，因此，你不妨做到：

1.面部表情不可过于丰富

也就是说，如果你希望自己是个有威慑力的人，那么，在与人说话的时候，就不可对人挤眉弄眼、大笑或者大哭等，这是一种失礼的表现，适度微笑即可。微笑是一个人内心感情的体现。当你微笑着与别人说话时，也会使对方感觉放松，从而进一步增进融洽的气氛。

2.眼神不可游移不定

严肃的表情会让说出的话更有气场，但假如你神态木讷，面无表情，即使嘴在动，也会让人有拒人于千里之外的感觉。因此，除了微笑之外，你最好还应注意你的眼神，眼神不可犀利、凶狠、游移不定，但一定要有神。

心理话术

人们的思想可以从复杂而又十分微妙的表情中呈现出来，并且表情的变化十分迅速、敏捷和细致，可以真实、准确地反映情感与传递信息。有经验的人通过观察人的表情和表情变化，就可以探知对方的内心世界。因此，我们更应懂得通过自己的表情来传达我们的内心世界。

下篇

解析情景，说话贴合人心

第6章

求人办事,巧花心思能成事

真诚表达，求人办事没什么不好意思的

日常生活中，有太多无奈，令你不得不去求人。假如你是一个下属，希望能升职加薪；假如你是一名病人，希望能找到一位医术高超的医生解除你的病痛；假如你正为工作发愁，希望能找到一份满意的工作；假如你急需用钱，希望能筹借到这笔钱……这许许多多、大大小小的希望便构成了生活。生活会迫使你不得不去求助于别人，但有些人一提到求人就皱眉头，甚至羞于开口，他们对求人怀有一定的偏见，认为那一定是卑躬屈膝、低三下四的。其实不然，我们身为社会人，就不可能做到万事靠自己，寻求帮助是一种生存方式，而且向别人寻求帮助是以自尊、自重、自爱为前提的，只要做到求而不卑、求而不倚，也没有什么丢脸的。

求人有多种多样的方式，其中很大部分是需要口头提出的。我们不难发现，同样的请求内容，不同的人，用不同的方法和语言表达出来，得到的结果常常是不一样的。那么，怎样

开口才显得真诚呢?

1.求人语言要诚恳

所谓诚恳,是指要让被请求者感到你是发自内心地求助于他,从而重视你的请求。这是求人成功的先决条件。

2.求人语言要礼貌

所谓礼貌,是指应该尽量选用被请求者乐意接受的称呼,比如在问路、请求让座时,这一点就显得非常重要。

有个年轻人骑马赶路,见一位老汉在路边休息,他便在马上高声喊道:"喂!老头儿,这里离客店还有多远?"老汉回答:"五里!"年轻人策马飞奔,急忙赶路去了。结果一口气跑了十

多里,仍不见人烟。他暗想,这老头儿真可恶,说谎话骗人,非得回去教训他一下不可。他一边想着,一边自言自语道:"五里,五里,什么五里?"猛然,他醒悟过来了,这"五里",不就是"无礼"的谐音吗?于是掉转马头往回赶,追上了那位老人,急忙翻身下马,恭敬地叫声"老人家",话没说完,老人便说:"天已黑了,如不嫌弃,可到我家一住。"

这是一则流传很广的故事,它通俗而明白地告诉人们,在人际交往过程中说话讲究礼貌的重要性。

3.不强加于人

不强加于人是指不用命令、祈使的语气,而多用委婉、征询的语气。例如,尽可能地使用"麻烦……""劳驾……""可以……吗"这类句式,即使对相识者也应该这样。

4.求人时,语言一定要简明扼要

不需要刻意雕琢言语、故意咬文嚼字,要尽量抛弃那些造作的、文绉绉的词汇,而且说话要有真意、不粉饰、少做作,表现朴素、自然,以平易近人的语言把话说得自然、通畅。

5.避开忌讳

因个性和生活经历不同,有些人对某些言辞和举动会有所顾忌,因此千万不要去冒犯。《孙子兵法》中讲:"知己知彼,百战不殆。"这句话同样适用于求人的技巧。当我们有求于人的时候，不妨先对那个人的嗜好、性情、学识和经历等做一番调查，然后从容前往，将会收获意想不到的效果。

心理话术

人生在世，既有风雨，也有晴天，谁都需要别人的"搀扶"，我们在求人办事的时候，要大胆开口，但同时要做到求而不卑、求而不倚！

运用激将法，陈述事情难度让其主动答应

生活中，有时候我们求人办事，正面劝说的结果常常会事与愿违。我们往往忽视了一点，那就是人们都有不服输的心理，越是被否定，越是要证明自己；越是受压迫，越是要反抗。如果我们告诉对方事情存在一定难度，他可能办不到时，反而能激起对方的挑战欲，从而愿意一试。

《三国演义》中有这样一个故事：

马超率兵攻打葭萌关的时候，张飞主动请求出战。

诸葛亮却佯装没听见，对刘备说："马超智勇双全，无人

可敌，除非前往荆州唤云长来，方能对敌。"

张飞说："军师为什么小瞧我？我曾单人独骑抗拒曹操百万大军，难道还怕马超这个匹夫！"

诸葛亮说："你在当阳桥抗曹，是因为曹操不知道虚实，若知虚实，你怎能安然无事？马超英勇无比，天下的人都知道，他在渭桥大战曹操，把曹操杀得割须弃袍，差一点丧命，绝非等闲之辈，就是云长来也未必能胜他。"

张飞说："我今天就去，如战胜不了马超，甘当军令！"

诸葛亮看"激将法"起了作用，便顺水推舟地说："既然你肯立军令状，便可以为先锋！"

实际上，在《三国演义》中，诸葛亮常用这种方法来"激"张飞，因为他深知张飞是个火爆脾气，于是，每当遇到重要战事，先说他担当不了此任，或说怕他贪酒误事，激他立下军令状，增强他的责任感和紧迫感，激发他的斗志和勇气，清除他轻敌的思想。

求别人办事的时候，倘若能够明白对方属于哪种类型的人，说起话来就比较容易了。

1960年，美国黑人富豪约翰逊意欲在芝加哥为公司总部创建一所办公大楼，为此，他跑了多家银行，但始终没有申请到贷款。当时，问题的严重性在于承包商已经聘请好了，一切已经如火如荼地开始了,而工程所需费用还差500万美元。假如钱用完了而他仍然拿不到抵押贷款,他就得停工。

这天,约翰逊和大都会人寿保险公司的一个主管在纽约市一起吃晚饭。

约翰逊拿出经常带在身边的一张蓝图。正准备将蓝图摊在餐桌上时,那位主管对他说:"在这儿我们不便谈,明天到我的办公室来。"

第二天,当约翰逊认为大都会人寿保险公司很有希望给他抵押贷款时,说:"好极了,唯一的问题是今天我就需要得到贷款的承诺。"

"你一定在开玩笑,我们从来没有在一天之内给过这样贷

款的承诺。"主管回答。

约翰逊把椅子拉近主管,说:"你是这个部门的主管,也许你应该试试看你有无足够的权力,能把这件事在一天之内办妥。"

主管微笑着说:"你这是让我为难,不过,还是让我试试看吧。"

结果非常理想,约翰逊成功地达到了自己的目的。

约翰逊的话明显是对那位主管能力和权威的一种挑战。尽管这位主管不一定真的有那么大的权力,但是,为了证明自己能完成这一有难度的任务,自然会答应。以激将法说服别人,务必要找到并击中对方的要害,迫使他就范。就这件事来说,要害是那位主管对他自己权力的威严感。

可见,巧言激将,一定要根据不同的交谈对象,采用不同的激将法,才能收到满意的效果。犹如治病,对症下药才有疗效。因此,在运用这一心理策略的时候,要注意以下两个方面:

1.了解对方的弱点

逆反心理能否起到应有的作用,关键在于我们是否了解对方的弱点。"请将不如激将",同时要了解"将"的"致命伤"。比如,对那些爱表现的人,我们不妨从反面说:"我知道您也是能力有限……"这样一激,对方肯定答应了你的请求。

2.掌握火候,语言不能"过"

如果说话平淡,就不能产生激励效果;如果言语过于尖刻,就会让对方反感。语言不能过急,也不能过缓。过急,欲速则不达;过缓,对方无动于衷,无法激起对方的好胜心,也就达不到目的。

心理话术

在求人办事的过程中,有时别人并不应允,如果只用直截了当的语言请求他们,他们也许会一再拒绝。在这种情况下,巧用激将法则会收到原本难以达到的效果。人类都是有逆反心理的,尤其是自己的权威、能力受到了质疑的时候,他们的自尊心、自信心就会被激发出来。

言语铺垫,让答应你的请求成为水到渠成的事

人们都有这样的心理:对于那些关系一般或者不熟识的

人都是心怀戒备的,也觉得没有必要答应对方的请求,而一旦对对方产生好感,并愿意与之结交后,对于对方提出的请求也会欣然答应。因此,在求人办事时,倘若向特别要好和熟悉的人求助,可以直截了当,随便一点。但求助于关系一般的人、陌生人或社会地位较高的人时,则常常需要一个"导入"的过程。这个导入过程可长可短,需视情况而定。

刘先生最近公司资金状况出了点问题,他想到了某大老板张先生。但问题又出现了,张先生是个出了名的铁公鸡,从不愿意借钱给别人,怎么办呢?

刘先生深知用一般的方法来向他借钱,绝无成功的可能。他深思熟虑后,下定了决心,打电话给张先生,约好见面的时间和地点。这天,刘先生并没有开车,而是搭乘公共汽车前往,然而在离张先生家还有150米时,他就下车开始全速跑向张先生家。

那时虽是春天,但天已经开始热起来了,刘先生跑到的时候,已经是大汗淋漓,张先生见了他,非常诧异地问:"你怎么回事?一身汗!"

"我怕赶不上时间嘛,只好跑着来!"

"你怎么不打车呢?"

"其实,我很早就出发了,上了公共汽车后,却又遇到堵车,没办法,我看时间不够了,就只好下车跑过来了!"

"像你这种人也会坐公共汽车吗?"

"怎么?您不知道我这个人很注重节约的,不过别人都说我吝啬。坐公共汽车既便宜又方便,而且自己没有私车的话,也省了请司机的开销。其实,还是用双脚最好,碰到赶时间的时候,只要用它们跑就可以,既不花钱,又可强身,多好啊!我这种吝啬的人哪会像你们大老板一样有自己的私车呢?"

"但是我从来没听说过你是这种人。其实,我才真的被人认为是吝啬鬼。"

"张先生,人不吝啬的话是无法创业的,所以,人不能太慷慨。我们做事业的人都是向银行或他人贷款来创业的,当然应该节俭,千万不能随便浪费钱啊!我们要尽量多地赚钱,好报答投资的人。钱财只会聚集在喜欢它、节俭它的人身上……我经常对下属这么说。"

刘先生的这些话使张先生产生了共鸣,于是很反常地借钱给这个相见恨晚的刘先生。

刘先生在求人办事上的这一套做法着实很耐人寻味,面对一个吝啬的人,他一反常人的做法,说明吝啬的好处,引起了对方的同感,继而成功借到对方的钱,挽救了他的事业。

求人办事时,对方能不能答应你的要求,能不能全力帮助你把事情办成,关键在他心里是怎么想的。他的心里怎么想问题,就决定了他对你提出的事情的态度。

那么,具体说来,求人办事的过程中,我们该怎样逐步"导入"正题呢?

1.先找到共同的话题

面对不熟悉的人,一开始最好避免开门见山地直述自己要达到的目的,可以迂回地谈些其他事情,比如天气、足球、服装、电影等,从中找到共同兴趣点,然后逐步从共同感兴趣的话题上不露痕迹地、自然地转入正题上。这样可以取得很好的效果。

2.秉持"说三分,听七分"的原则

许多善于说话的人都强调"听"的重要性,因为只有善于倾听才能达到目的,听人说话的本意在于了解对方的心意,把握对方的想法和要求。

3."导入"正题时注意运用容易被对方所接受的说法

一句内容和中心思想完全一样的话,由于说法不同,产生的效果可能会有所不同。有的可能会让人觉得亲切、易于接受,有的则让人觉得生硬。通常,反复强调你的想法未必能发挥太大的作用。

心理话术

人们对于自己不熟悉的人或事,往往都持有一种排斥的心理。因此,任何请求,如果直截了当,会显得突兀,让对方难以接受,如果我们能巧妙铺垫,然后再导入主题,对方会更容易接受。

真诚地赞美对方，让对方不好意思拒绝你

生活中，每个人都喜欢听好话，这也就是人们所说的赞美，它会激发听者的自豪和骄傲。从我们自身来说，赞美完全是求人办事最好的手段之一，我们赞美的时候，可以先把对方捧高，让其不好意思拒绝你的要求。

一位妇女抱着小孩乘车，车上座位已经坐满，而这位妇女旁边，一位小伙子却躺着睡觉，占了两个人的位子。孩子哭闹着要座位，并指着要他让座，小伙子假装没听见。这时，小孩的妈妈说话了："这位叔叔太累了，等他睡一会儿，他就会让

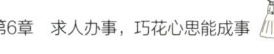

给你的。"

几分钟后,小伙子起来客气地让了座。

这位妇女无疑处于"求人"的位置,她能靠一句话求人成功,聪明之处正在于以一个"礼"字把对方架在了很高的位置:他应该休息,而且他是个好人,因为如果他不"睡"了,他会主动让给你的。显然,一个再无礼的人面对这样礼貌的人,也不会无动于衷。

那么,我们要怎样适度赞美对方,从而让对方帮忙呢?

1.了解对方,给对方戴一顶最合适的"高帽子"

每个人都有其最自豪的地方,我们抬高别人之前,就要先找出对方最值得赞扬的地方,然后加以赞赏,必然会得到他的好感,要说服他或者请他帮忙也就不再是难事了。

2.不着痕迹地夸大别人的优点

抬高别人,难免要说一些奉承话、恭维之辞,把对方的优点加以拔高、放大。这样的话有明显讨好之意。因此,我们在抬高别人的时候,一定要说得巧妙,最高明的做法是自然而然,不露痕迹。

3.适当示弱求帮助

用商量的口吻向对方说出自己要办的事,这是一种巧妙的办法。装作自己没有任何把握,将建议与请求等慢慢表达出来，给对方和自己留下一条退路。比如说："这件事我办起来很困难，你试试如何？"

心理话术

所谓的"抬高对方"，在求人办事时就是"捧"，是指对所求之人恰到好处、实事求是的称赞，并不包括那种漫无边际的吹捧之辞。求人时说点对方乐意听的话，顺便在与所求的事有关的方面称赞一下对方，也不失为一种求人的好办法。

以情感人，让对方不忍拒绝你

人都是感情动物，世间之事也逃不过一个"情"字，求人办事时更是如此。情真方能动人，再铁石心肠的人也难免为真情所动。

山东某企业家张先生原是吉林人。张先生虽已在他乡成家立业，但时时刻刻都想着家乡，却因为工作繁忙，一直没时间回去。

王某是张先生家乡所在城市对外联络办的工作人员。最近他在工作上遇到了一点问题：市政府为了创办当地特色产品的加工厂，需要一笔不小的资金，当地政府千筹万借，才筹到了总数的三分之一，怎么办呢？王某准备找张先生帮忙。在没有任何人员陪同，也没有准备任何礼品的情况下，他独自一人前往山东。

当张先生听到家乡来人时，欣喜之余也感到有些惊讶，因为久不闻家乡的信息，突然有人来了，该不会是招摇撞骗之人吧！张先生心里不由得生出阵阵疑心，但出于礼节，他还是同王某见了面。

王某一见张先生这种神情，知道他还没有完全相信自己。于是他挑起了家乡的话题，只讲家乡这些年来的风貌变化，他

那生动的语言，特别是那浓浓的爱乡之情溢于言表，令张先生深受感动，也将他带回了童年及少年时代。

就这样，经过3个小时的聊天，王某对借钱一事只字未提，只是与张先生回忆了家乡的变迁，犹如放电影一般。最后，张先生不但主动提出要为家乡捐款，还答应了与家乡合资办厂的要求。

俗话说："老乡见老乡，两眼泪汪汪。"案例中的王某就是通过展现乡情来打动张先生的，的确，乡情是以地缘为纽带而结成的特殊缘分，人们在说话办事时可以靠乡情套近乎、拉关系，可以利用乡情打通关节，办成事情。

当然，在求人办事时，说动情话的方式是多种多样的，但前提必须是要掌握对方的心理，说"对味"的话，才能真正起到以情动人的目的。通常来说，我们可以从以下几个方面努力：

1.申述自己的处境，以表示求助于人是不得已之举

20世纪90年代，某国有工厂某车间接到国库券认购任务。有几百名工人认购了不同的数额，但工厂偏偏有几个不愿认购的"老顽固"。这几个拥有30年左右工龄的老工人，任凭车间主任磨破了嘴皮，依然不肯认购："不是说要自愿吗？我不自愿！"

前后已经开了三次动员会，依然毫无结果。下班时，车间主任把这几位老工人送到车间门口，轻声说："我只讲最后一句：我现在很为难，请大家帮个忙。"

奇怪的是，原先态度还强硬的老工人听了这句语重心长的话，竟纷纷表示："主任，我们不会让你为难。"说完，大家立即转身回去签名认购。

很快，国库券的认购任务就完成了。

一句充满人情味的求助话，居然比通盘的大道理更具有说服力。作为老工人，他们文化水平不高，但重情义。现在，领导不是讲大道理，而是请他们帮忙。他们觉得："领导看得上咱，岂能不给面子？"就这样，气一下顺了。那位车间主任，在正面强攻不下的情况下，改用避实就虚、迂回包抄的战术，先了解对方的心理需求，然后由虚而实，从而达到目的。可见，诚恳的请求，实为有效的说服方法。

2.充分阐明自己所请求之事并非与被请求者无关，以使对方不能无动于衷、袖手旁观

当然，表现"情"时不能冷冰冰的，毫无感情，也不能表现得过度热情。求人办事时，"情"的展现也只是一种客套而已。怎么恰当地"客套"是值得注意的。"欲知其人，先善其思！"意思就是说只有先了解了对方的心里所思，才能在语

言、行为上与其客套，赢得对方的好感。

心理话术

用情打动别人这一求人办事的方法，一般用于比较大的或较为重要的事情上，需要我们把对人的请求融入动情的叙述中。通常来说，一句富有人情味的话，往往比那些大道理更具有说服力。

求人办事讲时机，再难的请求也能说出来

求人办事能否成功，往往和对方的心情有关。如果对方高兴，很可能会二话不说答应你，但如果对方心情不悦，那么，求人办事的过程也会变得艰辛。因此，那些善于掌握他人心理的人，往往都会选择对方心情愉悦的时候提出自己的请求。

有位先生和朋友去拜访一位教授，希望这位教授能为自己的学业指点迷津。那位教授为人严肃，平时不苟言笑，坐了半天，除了开头说了几句应酬话，剩下的只是让人尴尬的沉默。

忽然，那位先生看到教授家养的热带鱼，其中几条色彩斑

斓，游起来让人眼花缭乱。那位先生知道这鱼叫"地图"，自己也养了几条，还很得意地为朋友介绍过。教授见那位先生神情专注，就笑着问："还可以吧？才买的，见过吗？"只听那位先生说："还真没见过。叫什么名字？明儿我也打算养几条呢！"当时他的朋友不解地看看他，心想：装什么糊涂，不是上星期才到你家看过吗？

可教授一听，来了兴致，神采飞扬，大谈了一通养鱼经，那位先生听了频频点头。那位教授像是遇到了知音，说说笑笑，如数家珍地给他讲每条鱼的来历、名称、特征，又拉着他到书房看他收集的各类名贵热带鱼的照片，气氛顿时活跃起来。他们一直聊到吃过晚饭才走，教授也答应下次让这位先生带上不懂

的书来问，朋友才突然领悟到那位先生说谎话的用意。

一句善意的谎话使教授前后判若两人，让几乎陷入僵局的交谈又顺利地进行下去了。若据实相告，那很可能就会继续"尴尬"下去的。

可见，求人办事的过程中，对方的心情对事情成败与否有很大的作用。因此，有经验的求人者并不是一开始就切入正题的，而是先探查现场气氛。

那么，具体来说，我们该如何说话，才能制造出一个有利于我们开口的时机呢？

1.多提及对方喜欢的事

那些求人办事成功者，往往都有一个经验，那就是多提及对方关心、喜欢或者自豪的事情。提及对方的工作，或许他的工作需要你的支援；提及时事问题，可能你们对教育与政治的问题观点一致；提及孩子等家庭之事，家家都有着一本难念的经；提及体育运动，也许你们都喜欢棒球；提及对方的故乡及所就读的学校，极有可能你们是同校同乡……

2.交流以对方为中心

在求人的过程中，要明白主角永远是对方，而你必须自始至终扮演配角才可以。如果本末倒置，在商谈过程中以自己为中心，只是洋洋自得地反复谈论自己的事情、自己的爱好，只管发表自己的看法，而不从对方的角度来考虑，这样难免会引起对方不快，很有可能失去求助机会。

3.适时提出自己的请求

当然，这一切必须显得水到渠成，不可过于急切。如果对方还是对你心存疑虑，那么，就不可操之过急，而应该继续与对方进行一些相互了解的谈话。如果彼此之间已经相谈甚欢，你便可以提出自己的请求，但还是必须注意要用商谈的口吻，注意自己的措辞。

心理话术

求人办事的过程就是说话的过程，要设法在言谈中让对方不自觉地答应你的要求。不论你引入什么话题，从一开始打招呼到正式商谈，每一处细节都应注意说话要巧妙、得体。只有适逢时机地提及你的问题，才能提高求人办事的成功率。

第 7 章

亲情维护，和谐家庭需要妙语相伴

丈夫如何说话才能哄妻子开心

可能很多男人在婚前都对女友百般疼爱，尤其是在追求爱情的过程中更是使出浑身解数，说尽各种甜言蜜语。而一旦结婚，似乎就有一种"既成事实"的感觉，认为只需要赚钱养家、给老婆充足的物质生活即可。实际上，婚姻中的女人同样需要各种"情话"，会说话的男人总是能讨得欢心，婚姻生活也更幸福。

为此，男人必须掌握一些讨老婆欢心的窍门：

1.不可沉默

有些男性会想："只要我闭上嘴不说话，就万事大吉了。"然而，设想一下，你在打乒乓球时既没有对手，也没有接球员，一个人不得不在发球之后，自己去捡回来，那种感觉如何？当男性一言不发时，妻子的感觉就是这样。

对于女人来说，沉默是很可怕的，因为她很重视别人的回应。所以，一个女人在说话，另一个女人总会夸张地发出"天哪"之类的声音,这样的声音是在告诉说话的女人,"我一直在听着呢"。可是在吵架的时候,老公却常常亮出沉默这个杀手锏。"他为什么不说话?是不是不屑于跟我说话?还是有什么事情瞒着我?他不再爱我了吗?"不要怪老婆的联想没逻辑,因为老公的沉默会吓到她。

2.说些关心、爱护的话

你的妻子是辛苦的,除了和你一样需要面对社会中的竞争,还需要照顾好家庭。那么,你不妨展示一下男子汉的担当

吧，看到老婆回家累了还要做饭的时候，你要说："这么辛苦，我来帮你吧！"明智的老婆也会想到你的辛苦，得到了关心和承认，老婆工作的干劲会更大！

3.别忘了说"我爱你"

在适当的时候或心情愉悦的时候真诚地对老婆说："我爱你！""爱你的一切！"看到这里，也许有人会嗤之以鼻："老套！"但究竟有几个人能做到呢？

4.说些假话

那么，一个老公可以对老婆说哪些假话呢？

（1）年龄。你老婆本来已经四十有余、略显苍老，不过你不能直言相告，而只能说："老婆看起来就是三十多岁。"这句话有双重效果：一是夸奖了老婆的形象，使老婆窃喜；二是顺便可以消解老婆生气的情绪。

（2）厨艺。你可能会经常说："我真的不想吃这个东西，不好吃。"试想一下，老婆辛辛苦苦在厨房忙碌了两个小时，你却说了这么一句。这话真是像盆冰水似的，透心凉啊！老婆不生气才怪。以后再遇到这种情况，你一定要锻炼一下演技，难吃归难吃，挤出一丝笑容也不难嘛。先夸一下老婆，然后说："如果能再加点盐就更好啦。"不仅达到了目的，还照顾了老婆的心情，何乐而不为呢？

心理话术

一项婚姻调查显示，现代婚姻的最大杀手不是第三者、家庭暴力或生理问题，而是无法与对方沟通。语言艺术似乎是夫妻之间普遍欠缺的技巧，而女性常常是通过语言来感受爱的，因此只有充分交流，才能有彼此融入的感觉，从而建立信任与真诚。

家庭矛盾如何用妙语化解

生活中，家庭成员之间免不了磕磕碰碰，在与家人互相指责时都觉得自己才是受害者。和对方说话总是生硬的，或者你的本意也许是好的，可说出来却全变了味——这时一场争执往往在所难免，错误信息的传递眼看就要引发家庭大战。这时候，就需要你通过改变说话的方式来化解矛盾。

一位先生下班回家后，发现他的妻子正在收拾行李。"你在干什么？"他问。

"我再也待不下去了，"她喊道，"一年到头老是争吵不休，我要离开这个家！"

> 我再也呆不下去了，一年到头老是争吵不休，我要离开这个家！

先生困惑地站在那儿，望着他的妻子提着皮箱走出门去。忽然，他跑进卧室，从架子上抓起一个箱子。"等一等，"他喊道："我也待不下去了，我和你一起走！"

夫妻间难免会发生口角，但又不能快刀斩乱麻般地断绝情义。在这种"剪不断，理还乱"的情感状况下，无论哪一方适时展现幽默，都能化解矛盾，让对方破涕为笑。

其实，每个家庭每天都在上演各种战争，婆媳间、夫妻间、子女间，实际上，语言上的小小改变就能令你所表达的意思有很大的不同。关键在于调节你的情绪，不要带着火气和抱怨，这才是创造和谐关系的秘密所在。

为此，我们在与家人产生矛盾而进行沟通时，需要掌握以下原则：

1.冷静下来，不要带着情绪沟通

情绪会直接影响你的沟通态度，进而影响沟通的效果。据说拿破仑的军队有一条纪律，士兵犯了错误后，作为军队指挥者，不可马上批评，因为此时的指挥官是带有情绪的，批评就会受到情绪的影响，如放一放再批评效果会更好。家庭生活中的沟通也是如此，带着情绪交流，就很容易使沟通走偏。

2.站在彼此的角度，给予必要的理解

矛盾既然产生，就必定是意见不一导致的，对方也必定有自己的理由和考虑，应该相互理解。如果你表示理解，那么在情感上就相当于给了对方一个极大的安慰，使其郁积在胸中的不良情绪也得到缓解和疏通。

3.要诚恳地道歉

不要认为自己没有错,其实,矛盾的产生就已经说明你有一定的错处。一个巴掌能拍得响吗?退一万步说,即使真的没有错,那么,因为你和对方发生了矛盾进而伤害了家人的感情,这是不是错呢?所以你只要想道歉,就一定能找出道歉的理由。理解和道歉之后,你再把自己的理由和道理讲出来,对方便会容易接受。

心理话术

家庭成员间意见不统一,有了矛盾之后,必须要及时地进行沟通。只有通过沟通之后,统一了认识,化解了矛盾,才能使"梗阻"的家庭关系通畅起来。而沟通又是有一定方法的,只有掌握了这其中的道理、技巧,才能使沟通取得良好的效果。

可怜天下父母心,对父母多说些体己话令其欣慰

我们每个人的一生中,都会经历友情、爱情、亲情,但

唯有亲情是永恒的，尤其是父母对我们的爱，更是一种没有条件、不求回报的阳光沐浴。从婴儿呱呱坠地到哺育孩子长大成人，父母们付出了多少心血与汗水，忙碌了多少个日日夜夜；从上小学到中学，乃至大学，父母们又牺牲了多少的个人时间与梦想。母亲的爱总是无微不至，父爱则是伟岸的，亲情最无私。而只有当我们体验了亲情的深度，才可能领略到友情的广度，拥有爱情的纯度，这样的人生，才称得上是名副其实的人生。

可怜天下父母心，父母都是倾其所有地为儿女付出，但他们同样有一种心理：希望孩子懂得感恩，并体会到父母的艰辛。其实，感恩父母，哪怕是一件微不足道的事，只要能让他们感到欣慰，就已经足矣。我们发现，那些懂得经营家庭生活、让父母感受到天伦之乐的人似乎总是有一项本领，那就是他们会时常说出一些令父母感到欣慰的话。有时候，那些物质上的报偿远远不如一句贴心的话更能让父母感到幸福。

实际上，即使你工作繁忙，生活负担重，很少有时间和精力去为父母做一些小事，你也可以用语言表达对父母的感恩。相信"妈妈，您辛苦了""爸，以后少喝点酒"这些话都能让父母体会到你的关心。

那么，具体来说，我们该说哪些话呢？

1.关心父母的话

任何一个父母,都希望自己的子女能在生活中多关心自己一点。那么,从现在起,每天不要忘了从生活细节上关心父母,关心他们的健康,关心他们的生活起居。比如你可以说:"爸妈,早点休息。""妈,少吃点辣椒,容易上火。"这些看似微不足道的话语,却能让你的父母由衷地感到幸福。

> 爸妈,早点休息。

2.理解父母的话

居家过日子,难免磕磕碰碰。有时候,父母的行为、语言可能导致了家庭纷争,但对此,你一定要保持良好的态度,对父母报以理解。比如,你可以说:"妈,我知道你这样做是为了我好，但是……"

3.感谢父母的话

你是否还在享受父母每天为你准备的晚餐？你的父母是否还经常"接济"你？照顾你的孩子的重任是否一直是你的父母在承担？那么，你对父母说"谢谢了"吗？你对他们说"辛苦了"吗？不要认为父母对你的付出是理所当然的。

心理话术

从我们呱呱落地的那一刻起，父母就对我们的生命倾注了无尽的爱与祝福，父母为我们撑起了一片爱的天空。在生活中，你真的能体会父母的良苦用心吗？你真的做到感恩了吗？

赏识教育，你的孩子需要语言鼓励

孩子天生需要赏识，就如同花草需要阳光和雨露，鱼儿需要溪流和江河。

心理学家曾经做过一个关于"孩子最怕什么"的调查，结果表明：孩子最怕的不是生活上苦、学习上累，而是人格受挫、面子丢光。孩子正处于生理、心理变化的关键时期，他们尚未形成独立的自我意识，非常在乎他人对自己的看法。因此，对孩子进行赏识教育，尊重孩子、相信孩子、鼓励孩子，不仅能及时发现他们身上的优点和长处，挖掘隐藏在其身上巨大的、不可估量的潜力，而且能缩短家长和孩子的距离，从而促进孩子的健康成长。

可能很多人都听说过周婷婷的故事：

周婷婷是个先天性耳聋的孩子，一岁半的时候因发烧打了庆大霉素，导致双耳全聋。为了不使女儿在心理上存在差异，父亲周弘在婷婷四岁半的时候便把她送进了正常儿童的幼儿园。婷婷六岁认识了两千多汉字，进入普通小学，并连跳两级；八岁背诵了圆周率小数点后一千位，打破了当时的吉尼斯世界纪录；十岁被评为全国十佳少先队员；十六岁成为中国第一位聋人少年大学生。

那么，周弘具体是怎样培养婷婷的呢？就是赏识、信任和尊重。周弘第一次给婷婷布置做十道应用题时，她只做对了一道。面对这种情况，有的家长早已气急败坏，可是周弘没有这么做，他在做对的一道题下打了一个大大的对勾。对于女儿做对的一道题，他想到的是鼓励："简直不可思议，这么小的年纪做这么难的题，第一次居然就做对了一道。"女儿露出喜悦的表情，信心倍增，仿佛插上了飞翔的翅膀，自由地翱翔在数学知识的天空里，仅用了三年的时间就学完了小学六年的课程。

这些只是周婷婷成长的点滴，但是却告诉我们：即便是那些先天不足或后天不足的孩子身上也蕴藏着巨大的潜力，更何况我们身边健康的孩子呢？

很多家长说："我该怎么夸孩子呢？总不能一天到晚说'好啊，乖啊'。"这里就谈到了赏识教育的中心话题，鼓励孩子，让孩子在"我是好孩子"的心态中觉醒，同时一定要注意表达的方式和内容。

具体来说，你的赏识必须满足两个要求：

1. 真实的

赏识教育一定要不动声色，一定不能被别人发现是刻意为之，不能太虚伪。它必须是真实的，并且是自然流露出来的，不是直接说出来的。

2. 具体的、细节化的

有时，有的家长虽然也给予了孩子一些赞美，但是由于心理的标尺太高，高于孩子的现实，夸奖时常喜欢加一条小尾巴，比如"你做这件事很对，但是……"，自以为很聪明，先扬后抑，让孩子高高兴兴地接受教训。其实，孩子对这类表扬很敏感，他会认为"噢，他原来就是为了后面一段话才假惺惺地表扬我几句"。因此，对孩子表扬要真诚大方，讲究实效，讲究细节。比如"孩子，你今天被子叠得真整齐"。

心理话术

什么是赏识呢？所谓"赏"，就是欣赏和赞美；"识"，就是认识和发现，综合起来的意思就是家长们要认识和发现自己孩子的优点，并有目的地加以引导，勿使其压抑和埋没。

夫妻沟通，要把握好态度

日常生活中，夫妻之间少不了就家庭、工作、教育等一些问题进行沟通。很多交流都是随意的、非正式的，基本属于一种"说话"的本能需要。看似很简单的交流，也蕴藏着很深的道理，也有一定的讲究。如果不明白其中的道理，把握不好原则和方法，也会产生矛盾。很多夫妻之间的"疙瘩"就是在这看似简单到几乎没有什么艺术可言的交流之中结成的。

小黄和小梅经过一段时间的了解，双方都对对方感到满

> 你如果不信任我，那咱俩就离婚！

意。在双方父母的祝福下,他们结婚了。

一天晚上,小梅很晚还没回家,小黄就给小梅的几个朋友打电话,结果他们都不知道小梅在哪。小黄索性就坐在沙发上等,直到十点半,小梅才回来。

见到小梅,小黄劈头就问:"你到哪儿去了,这么晚才回来?小梅,你知道我爱你,你可不能对不起我呀!"

小梅听了这话就很生气,说:"我怎么对不起你了?我在单位加班了,你如果不信任我,那咱俩就离婚!"

结果,结婚还不到一个月的小两口就离婚了。

爱情与婚姻都是建立在真诚、理解和信任的基础上的。上例中,不能说小黄不爱妻子,但由于他表达不当,就变成了他对妻子质疑的态度。倘若他能在小梅回来后,说出"小梅,你这么晚回来真让我担心。现在社会治安不好,以后如果没要紧的事,晚上尽量早点回来,好吗?"这种关爱的话,对方听后感动都来不及,又怎么会心生反感?

那么,具体来说,夫妻间沟通时,应本着怎样的态度呢?

1.以尊重为前提

人都是要面子的,夫妻之间即便朝夕相处,也是独立的个体,而不是彼此的一部分,因此,在交流中,切不可伤害对方的自尊。事实上,很多夫妻遭遇婚姻沟通问题,都是因为忽视了这一点。

2.不要涉及对方的"交流雷区"

生活中,每个人都有一些不愿他人提及的事,这些事或许是自己身体上的不足,或许是曾经一些丢面子的事。夫妻生活日久,应该都非常熟悉彼此的"交流禁地",所以在日常交流过程中应懂得适可而止,不要踏入对方的"交流雷区"。

3.注意说话的语气

夫妻是最熟悉彼此的人,正因为熟悉,他们在说话时便不再拿彼此当"外人"了,便不注意态度和方式,变得不讲理,没有顾忌,有时还会骂骂咧咧,话也不好好说,开口就是讽刺、挖苦、打击、揭短,语言粗俗,态度蛮横。这样的交流后果可想而知。

夫妻在日常交流中把握好上述三点,如果再加上点幽默、风趣,交流便会成为夫妻日常生活中一道靓丽的风景线。

心理话术

婚姻中,夫妻双方并不是彼此的一部分,而是独立的。在交流中,任何一方都应该考虑对方的感受,注意自己沟通的态度,只有善意的、有理的沟通,才能让对方接受。

第 8 章

演讲口才,三言两语就能吸引住听众

巧妙开场，抓牢听众的心

开场白，顾名思义，就是一开场所说的话。开场白开得不好就等于白开场。如果在演讲开始时听众对你的话就不感兴趣，注意力被分散了，那后面再精彩的言论也将黯然失色。因此演讲者只有作出一个匠心独运的开场白，以其新颖、奇趣、敏慧之美给听众留下深刻印象，才能立即控制场上气氛，瞬间集中听众的注意力，从而为接下来的演讲内容顺利搭梯架桥。

那么，具体来说，演讲者怎样才能使演讲的开场白"精彩"起来呢？

1.奇谈怪论，吸引眼球

演讲与一般的交流沟通不同，那些平庸、普通的语言与观点可能都无法引起听者的兴趣。对此，在演说前，演讲者如能做一番准备工作，找出与众不同的论调，必能出奇制胜，造成"此言一出，举座皆惊"的演讲效果，会立即震撼听众，使他们蓦然凝神、侧耳细听，专注于你的讲话内容，探询你演讲的主旨。

钱钟书先生的小说《围城》中有一段故事，写方鸿渐到本县省立中学发表演讲，事先精心准备了讲稿，可是到场后却发现稿子不在手边，急也没用呀，听众已经在热烈鼓掌，方鸿渐只好上场了，但这开场白却来得很精彩——吕校长，诸位先生，诸位同学：诸位的鼓掌虽然出于好意，其实是最不合理的。因为鼓掌表示演讲听得满意，现在鄙人还没开口，诸位已经满意地鼓掌，鄙人何必再讲什么呢？诸位应该先听演讲，然后随意鼓几下掌，让鄙人有面子下台。现在鼓掌在先，鄙人的演讲当不起那样热烈的掌声，反觉到一种收了款子交不出货色的惶恐。

听了方鸿渐的演讲，听众大笑，记录的女孩也含着笑，走笔如飞。

需要注意的是，运用这种方式应掌握分寸，弄不好会变为哗众取宠，故作耸人之语。应结合听众心理、理解层次出奇制

胜。再有，不能为了追求怪异而大发谬论、怪论，也不能生拉硬扯，胡乱升华，否则，极易引起听众的反感和厌倦。须知，无论多么新鲜的认识，都是要建立在正确的主旨之上的。

2.放下架子，自我解嘲

自嘲就是开自己的玩笑。对此，需要演讲者在演说过程中放下架子，运用诙谐的语言巧妙地自我介绍，这样会使听众倍感亲切，无形中缩短了与听众间的距离。

营销讲师金克言先生在一次有近千名观众参加的演讲会上准备演讲，可台下只响起了稀稀拉拉的掌声。于是他说："从大家的掌声中可以发现两个问题：第一，大家不认识我；第二，大家对我的长相可能不太满意。"几句话缩短了与听众的距离。台下大笑，掌声一片，反应强烈多了。他接着说："大家的掌声再次证明了我的观点！"话音刚落，台下笑得更厉害了，又是一阵热烈的掌声。这个开场白既活跃了场上气氛，又拉近了演讲者与听众的心理距离，一箭双雕，堪称一绝。

3.贴切引用

演讲的开头可以恰到好处地引用大家不大熟悉的格言警句或诗词佳句，再加以解释，从而顺利入题。这样，演讲就会有声势有威力，能迅速抓住听众的心。

当然，吸引听众的方式有多种，有的是在开头采用幽默、发问、警句、格言、典故、谚语等以引起听众的兴趣；有的则充满激情，具有振奋人心的作用。演讲者可根据具体的演说主题，设计好一个新颖别致的开场，一开口就抓住听者的"神经"，从而赢得一片掌声！

心理话术

俗话说，良好的开端是成功的一半。精彩的开场白可以起到创造良好气氛、激发听众兴趣、说明演讲主题的作用。演讲学界曾有人指出：如果没有一个好的开头，想在整个演说过程中始终做到轻松、巧妙地与听众交流思想是颇为困难的。

演讲中的"卡壳"，用妙语轻松化解

演讲中，由于演讲者不善表达或听众对演讲内容不感兴趣等各方面原因，会造成演讲的冷场。当然，这一局面出现的根本原因在于发言者的话没有吸引力。这时，该如何应对呢？

1.转换话题

遭遇冷场时，演讲者如果能恰当而又适时地讲述一些趣闻轶事，便能抓住人们渴望趣味的视听倾向，会使混乱或呆板的演讲现场马上活跃起来，听众的注意力也会被迅速地集中到演讲内容上。因为趣闻轶事是人们在生活中津津乐道的闲谈资料，生活中的许多情趣即由此而来。这时演讲者再回到原有的话题，效果就会理想得多。

2.让听众积极参与到演讲中来

造成演讲冷场的原因之一，就是演讲者单向地陈述问题，而听众被动地接受信息。

因此，要改变这种尴尬局面，可以从此处入手。比如，我们可以向听众提出富有针对性和启发性的问题，可以调动听众参与演讲活动的热情，使他们意识到，自己也是整个演讲的重要组成部分，这样会有效地避免冷场和打破冷场。

一位领导正在面向群众进行普法性质的演讲，由于话题具有一定的专业性，听众的注意力出现了分散，进而不少人开始交头接耳起来。这时，这位领导及时提出了这样的话题："请开小差的同志们想想，如果我们自己的权益受到了侵害，我们又将怎样来寻求法律的帮助呢？"这样一来，交头接耳的听众也就能重新将注意力转移过来。

3.适时地赞美听众

演讲者即兴演说时，如果忽略了听众，自然会出现冷场。

此时，演讲者应当注意采用恰当的方式，拉近与听众的心理距离。贴近听众的一个有效方法就是发自内心地赞美听众，用真情实感的话语拨动听众的心弦，激起他们的共鸣，使他们重新对演讲发生浓厚的兴趣，从而打破冷场的尴尬局面。

总之，只要我们能做到以上几点，当冷场出现时，及时采取控制手段，就能扭转局面，让演讲得以顺利进行！

心理话术

一个高明的演讲者，总是能掌握听众的心理，即使在遇到"卡壳"的情况下，依然会活跃演讲气氛，一句轻松的话就能有效地吸引听众的注意力，使演讲内含的信息和情感得以准确传达，以起到拯救演讲危机、让演讲者再度成为听众注目的中心的作用。

言简意赅，引起听众的共鸣

任何一个具备好口才的演讲者，都很注重自己演说语言的精炼，尽量在演说中做到言简意赅，以传达给听众最实用的信息。因为从心理角度看，人们觉得那些说话沉稳的人更值得信任，他们说的话也更有权威，所以更愿意支持他们。

那么，作为一名演讲者，在演讲中应该如何言简意赅地说话，才能提高自己的可信度呢？为此，有以下几个演说要求：

1.表达必要的信息，使用简练的词句，略去多余的信息。

从口语表达的角度看，演讲的语言必须要比一般情况下的表达更为精炼，这要求演讲者在演讲时做到发音正确、清晰、优美，词句流利、准确、易懂，语调贴切、自然、动情。因为句子短一些，不仅说起来轻松，听起来省力，吸引力也更强。有些演讲者讲话滔滔不绝，其实絮絮叨叨，繁复冗长，这是一种令人生厌的恶习，应去之为快。

2.无重复

即不说啰嗦的话,语言表达应言简意赅,举例精要,措辞精炼,思路清晰,不说套话、空话与口头禅。比如:

(1)"听说、据说、听人说"。

这一口头禅会让听众觉得你的演说真实度不够,试想,谁会真正相信那些道听途说的语言呢?

(2)"说真的、老实说、的确、不骗你"。

演讲中,如果有此类口头禅,会让听众觉得你说话急躁。

（3）"啊、呀、这个、嗯"。

人们常在词汇少，或是思维慢时利用这些词作为间歇的方法，而演讲者在演说中，如果常伴有此类口头禅，会给人一种反应较迟钝的印象。

（4）"可能是吧、或许是吧、大概是吧"。

这些口头禅体现的是对自己言谈的极为不确定，也会给听众留下不可信任的印象。

3.要正确使用词语，表达明确

听众通过演讲活动接受信息主要靠听觉。演讲者借助语言发出的信息，听众要立即能理解。口语与书面语之间有较明显的差距。有人说，书面语是最后被理解，而口语则需立即被听懂。

因此，演说中往往忌用那些令人费解的词语，防止被听众误解，避免歧义。

4.说话一定要有条理，要吐字清晰，语速适当

演讲语言常见的毛病有声音颤抖，飘忽不定；大声喊叫，音量过高；音节含糊，夹杂明显的气息声；声音忽高忽低，音响失度；朗诵腔调生硬呆板等。所有这些，都会影响听众对演讲内容的理解。

演讲要使用恰当的语速说话，这也是控制语调的主要技巧。在需要快说时，语速流畅，不急促，使人听得明白；在需

要慢说时，不能拖沓，要声声入耳。语速徐疾、快慢有节，才能使言语富于节奏感。听者处在良好的倾听环境里，才能不疲劳，并且增强语言的感染力。

总之，如果你希望你的话能更有力度，一定要凝练自己的演讲语言，切不可为了将你的话一吐为快而忽视了"碎语"的负面作用。凝练演讲语言，要力求做到根据说话的内容，该轻则轻，该重则重，当快则快，当慢则慢，使人感到音节错落有致，听得舒服畅快。

心理话术

简洁明晰的表达观点可以使听众获得演讲的准确信息，演讲者在演说时应记住以下几个要点：简短的言语更有力；抓住所要表达观点的核心；言语表达有条理，分清层次；正确使用词汇，表达明确。

演讲站在听者的角度，更易得人心

成功的演说家，大都是富有活力和精神抖擞的人，他们更善于从听众的角度说话，让听众内心的情绪迸发出来。因为人们都有这样的心理：在与人交谈的过程中，如果对方能感同身受，人们是愿意接纳对方的。因此，你在演讲的时候就不应该仅仅报告一些事实，还应该把自己的情感注入你的演讲中，并站在听众的角度说话，只有真情实感才能打动听众。

印度前总理英迪拉·甘地夫人本是个不善言谈的人。

在非洲，她被邀请在大会堂进行一次讲话。

甘地夫人说："噢，不行，我一句话也不准备讲，只有依了我这个条件，我才赴会。"

他们很吃惊，因为他们已经租下了会堂，而且一切都已安

排就绪。最后，他们对甘地夫人说："不管怎么样，你总得坐在讲台上。"还说，他们会设法为甘地夫人的沉默做些解释。

据甘地夫人自己回忆说："那天的招待会在下午4点举行，整个上午我都在访问非洲铁路工人的生活区，那里的条件真是糟糕透顶，使我非常生气。招待会上，当会议主席宣布我今天不讲话了的时候，我拍了一下桌子说：'我倒要讲讲。'"

甘地夫人的话让会议主席大吃一惊，怔住了。没等他开口说话，甘地夫人已走到话筒前，她激动万分，讲了班图人和其他人的生活条件。"我的讲话在非洲报纸上刊登了出来。第二天，无论我走到哪里，都听到人群的欢呼。女的过来吻我，男的同我握手……"。

甘地夫人的这次演讲是很成功的，她成功演说的诀窍不在于她的口才，而是她的感情为她迎来了掌声。正义的甘地夫人在访问了铁路工人的生活区后，情绪上产生了很大的变化。正因如此，她在发表演说的时候，言语间代表的便是铁路工人的利益，是为他们说话的，本来不善言辞的她，这次却得到了人民群众的拥护。

可见，演讲中，如果能切身考虑到听众的利益，说听众想听的话，那么此时登台，必会取得意想不到的结果。

那么，怎样才能做到这一点呢？

1.所讲问题应引起大家关注

在演讲时,每个听众最感兴趣的话题是不同的,却也有一些话题是大家共同关心的,比如,新闻、体育、天气等。

2.所讲问题难度不可太大

一个善于演讲的人,不会一味地卖弄自己的专业水准,也不会故意刁难听众,而是想方设法地让听众与自己一起思考,一起讨论,对演讲保持持久关注。而要做到这一点,在向听众提问时,就要注意问题的难度,听众乐于回答,你的互动才是有效的。

3.所讲问题应让听众得到满足

很多时候,如果你的演讲的内容是一些工作总结或者部署,内容很容易让听众失去兴趣,谁都不愿意为自己不感兴趣的话题浪费太多时间。如果你进一步研究听众心理,讲那些听众非常关注的关键环节,少讲一些大而空的东西,并且注意引导听众积极思考,结果肯定会不同。

心理话术

"感人心者,莫先乎情。"成功的演讲离不开"情",情感在演讲中就像桥梁一样,连接着演讲者和听众的心。以

"情"动人心,就要求演讲者必须从听众的角度说话,这样的演讲才更耐听!

铺垫互动,引领听众进入你设定的言语氛围

成功的演讲者既要使演讲成为听众的一部分,也要使听众成为他的演讲的一部分,其中首要的便是要了解和掌握听众的心理特点。因此,演讲者必须在了解听众的基础上力求触发听众的兴奋点和创造欲,才能实现最终目的。而成功的演讲者在演说前往往都会进行一番铺垫,与听众互动,以营造让听众乐于倾听的氛围。

那么,怎样营造这种氛围呢?

1.酝酿浓厚情感,以情动人

我们来看下面一例:

曾经有名希望工程的发起者到某私立学校演讲。还没等他开讲,台下一群养尊处优的孩子便叽叽喳喳地闹成一片,乱成一锅粥。

此时,他见情形不妙,便大声喊了几句,但这种方法根本

不见效。于是，他叫来一个在现场的老师，将电灯关掉，礼堂突然漆黑一片，孩子们也随之安静了下来。

这时候，这位发起者啪的一声打开了幻灯机，银幕上顿时出现了那张有名的"大眼睛"照片。这些孩子们顿时也睁大了眼睛，看着幻灯片上的照片。

"同学们，你们家里有没有照相机啊？"发起者此时突然提问道。

"有！"下面齐声回答。

"你们会不会照相？"

"会！"

这时，发起者便指着下面的一位同学问："请你说说看，照相有什么样的意义？"

"留着做个纪念呀。"

"好！作为留念——那就请大家看看，老师给这些山里孩子们拍的留念照片吧！"

然后，他每放映一张照片，就介绍一个有关失学儿童的故事。

在这里，这位演讲者利用讲述照片来历的故事，既抓住了同学们的注意力，又营造出一种与演讲内容相适应的肃然气氛，使同学们很快进入"规定情景"之中，激发了他们对贫困学生的关注和同情。

2.敢于打破定势，善于标新立异

人都是有好奇心的，如果在演讲中加入一些能满足人们好奇心的因素，势必能营造出良好的演讲氛围。为此，你需要做到打破常规、标新立异。但前提是你需要尊重文化传统和思维习惯。

3.给听众看一场"秀"，营造出亲切可信的气氛

有时候，演讲的真正含义，并不完全在"讲"，还在于"演"。如果能给听众一场"秀"，与听众互动，就会给听众以亲切、真实、可信之感，这样调动起听众的热情，自然就增强了演讲的感染力。

心理话术

演讲中，有一种心理策略叫"营造气氛"。这里讲的气氛，就是要带动听众的情绪，和听众达到一种情感的共鸣。这里的气氛，可以是活泼的，可以是热烈的，可以是庄严的……演讲者要"营造气氛"，让听众跟随你的思路走，只有从主题出发，结合现场的具体情景，针对听众此时此刻的心态和情绪，灵活地调动种种语言手段，才能达到如此效果！

设置悬念，抓住听众的注意力

如果你参加过演讲，你可能有这样的感触：一上台就开始正正经经地演讲，会给人生硬、突兀的感觉，让听众难以接受。而如果能在开场时卖卖关子，则能迅速吸引听众的注意力。这就是演讲过程中的悬念。

可以说，悬念是打开演讲成功之门的金钥匙，这种心理活动如果能被演讲者在演讲时恰当利用，就会使听众产生一种愉悦感，真切理解演讲者的意图。

一位刑警队长向群众报告抓获盗匪的经过，他开始就说：

"盗匪们真的都有组织吗？是的，他们大都是有组织的，但是他们怎样组织的呢……"

这位刑警队长所用的开场白，就是先告诉听众一个事实，引起听众的好奇，使听众有兴趣听下去，希望听一听盗匪组织的真实内幕。

制造悬念的开场白特别能够吸引听众的注意。所以，每一个预备当众演说的人，都应该立刻学习制造悬念的技巧！你可以像下面这样开头：

1.借用物品展示法

为了激发起听众的强烈兴趣，可以在讲话之前，先拿出一件物品，肯定会让在座的听众挺直身子。他们会猜想："他要表演魔术吗？"这就引起了听众的好奇心。展示的物品可以是一幅画，一张照片或任何一件实物，只要有助于讲话者阐述思想，能引起话题即可。

2.即景生题法

演讲者演讲时，不妨以眼前人、事、物、景为话题并加以引申，把听众的注意力不知不觉地引入演讲中。当然，这个话题最好能生动有趣。这样的即兴发挥，能给人耳目一新的感觉。

3.对比设疑法

演说开场时，你可以用强烈的反差、对比来引出自己的题目，以期在听众心目中留下深刻的印象。这主要指以对比、对照和映衬之类的修辞手法，来引领和导入自己的话题。

有一篇名为《论男子汉》的演讲，一开始，演讲者的话似乎跟一般的谦辞没什么两样，颇有离题之嫌。因为他一口气就洋洋洒洒叙说了四个"为难"之处——"我一点也不明白主办者的意图何在，这使我感到为难，这是我遇到的第一个困难。今天，我是第一次来到你们学校，一切都是陌生的。在一个陌生的环境里，人容易有一种不适应的感觉，这是我遇到的第二个困难。况且，刚才前面的几位同学又做了精彩的演讲，热烈的掌声可以作证，这给我增加了压力，算是我遇到的第三个困难。不巧得很，我本想凭手中这么一张卡片做一次演讲，却忘了戴眼镜了，想把它放在桌上偷偷地看几眼也不成了，这就是我的第四个困难。"乍一看，这开场白颇有些饶舌的味道。岂料到，那演讲者讲罢"第四个为难"之后，话锋突然一转，便进入自己早已拟定的题目了——"但是，我并不胆怯，相反，我充满了信心。我相信，既然我站到了这个讲台上来，我就必定能够鼓起勇气，竭尽全力，让自己体面地走下台去！因为，我选择了这样一个演讲题目——《论男子汉》！"

这样《论男子汉》特有的"勇气"之意，便同一开始的"胆怯"与"为难"形成鲜明对比和反差，巧妙、贴切而又风趣盎然，听来令人解颐。这样入题，不正是做到了"辞明义见"和"曲径通幽"的完美统一吗？

4.故事导入法

演讲者在演讲开始时可以讲一个亲切感人的逸闻趣事，以此设置悬念吸引听众的注意力，所讲故事如果是亲身经历的，效果会更好。可供使用的故事一般有两类：幽默的故事和一般的故事。但使用幽默的故事一定要注意，讲话者需有幽默的禀赋，切不可平淡、呆板；而后一类故事，可以是现实生活中的轶事趣闻，也可以是中外历史上有影响的事件。无论使用哪一类故事，都应注意和自己的谈话内容相衔接。

1962年，82岁高龄的麦克阿瑟回到母校——西点军校。里边的每一种东西，都令他眷恋不已，浮想联翩，仿佛又回到了青春时光。在授勋仪式上即席发表演讲时，他这样开了头：

"今天早上,我走出旅馆的时候,看门人问道:'将军,你上哪儿去?'一听说我到西点时,他说:'那可是个不错的地方,您从前去过吗?'"

这个故事情节极为简单,叙述也很平淡,朴实无华,但饱含的感情却是深沉的、丰富的。既说明了西点军校在人们心中非同寻常的地位,从而唤起听众强烈的自豪感,也表达了麦克阿瑟对母校深深的眷恋之情。接着,麦克阿瑟不露痕迹地过渡到"责任—荣誉—国家"这个主题上来,水到渠成,自然妥帖。

当然,在使用设置悬念法开场时,不能故弄玄虚,这一方法既不能频频使用,也不能悬而不解。在适当的时候应解开悬念,使听众的好奇心得到满足,而且也使前后内容互相照应,结构浑然一体。

心理话术

人们都有好奇的天性,一旦有了疑虑,非得探明究竟不可。在开场白中制造悬念,能激发听众强烈的兴趣和好奇心,在适当的时候解开悬念,使听众的好奇心得到满足,也使演讲前后照应,浑然一体。

第 9 章

经营有道,剖析人心再说话自有光明"钱途"

言语铺垫，打消对方疑虑

在现代商业活动中，无论是寻找合作伙伴，还是洽谈业务，我们免不了要与形形色色的人打交道。有的客户在购买产品的时候，就有怕贵、怕假、怕不适合的心理；还有一些合作者，总是怕被骗，怕损失等，这种情况该如何解决？其实，聪明的人并不会从正面劝说，而是运用语言的艺术，合理铺垫，让对方自己得出结论。因为从心理学的角度看，人们更愿意相信自己推理得出的结论，对于他人一味地劝解，则会加深疑虑。

下面是一位保险销售人员和客户之间的对话：

客户："上次那个销售人员叫我附加个什么医疗保险，说可以领多少多少，结果还领不到1/3，那都是骗人的！"

销售人员："请问您是不是有劳保？"

客户："有啊！"

销售人员："那么当初那个推销员有没有告诉您，必须先扣除劳保支出的部分，再实支实付？"

客户："这个……"

销售人员："我想可能是他忘记讲了或是解说得不够详细。其实，保险是不会骗人的，只不过有很多契约条款我们都没有注意到。就好比说，骨折时有的人喜欢找中医贴膏药而不愿看西医上石膏，但万一所找的不是有中医师执照的中医，往往就得不偿失。"

客户："原来是这样啊！"

销售人员："这些在契约条款上都有明文记载，同时也具有法律约束力，只要合乎规定，保险公司一定会依法行事的！"

这则案例中，这位销售人员就是机智的，在明白客户疑虑的症结之后，他并没有直接为自己的销售工作辩解，而是先在客户现有认知的基础上提出一个疑问，然后让客户主动承认是误会，从而重新接纳了他。可见，这位销售员在处理这类问题上是很独到的。

在实际的商务活动中，只要我们从对方的内心角度出发，并设置语言铺垫，让对方自己得出推翻他们内心疑虑的结论，必能让交涉顺利进行的。具体来说，我们可以用以下方法应对：

1.巧用问句，探查疑虑存在的原因

一位销售人员试图将一台新复印机推荐给客户，客户看起来也很有兴趣，但是他说要考虑一下。

"好极了！想考虑一下就表示您有兴趣，对不对呢？"

客户："你说得对，我们确实有兴趣，我们会考虑一下的。"

销售员："先生，既然您真的有兴趣，那么我可以假设您会很认真地考虑我们的产品，对吗？"

此处，销售员的这种问法就能问清楚客户疑虑的原因。销售员还可以尝试着这样继续问下去："先生，有没有可能是钱的问题呢？"如果对方确定真的是钱的问题，销售人员就已经打破了"我会考虑一下"的说法，而此时如果销售人员能处理得当，就能把生意做成。

2.铁证如山，打消对方的顾虑

客户："我觉得你们的产品还是比较符合我们的要求的，但我还是比较担心产品质量。以这样的质量，应该不值这个价吧？"

销售方："我知道您的顾虑，但您大可以放心，国家质检部门已经做过多次检验了，我们所有的产品的合格率都在95%以上。而且这种型号的设备质量比其他的都好，它的合格率达到了98%，而其他公司的产品才85%。"

客户："你说的是真的？"

销售方："是的，您看，这是我们产品的合格证、质检部门的检测报告……"

客户："是这样啊。"

销售方："目前这款产品的销售情况非常好，全国一百多个城市都有我们的销售点了，而最重要的是，直到现在我们仍然没有接到任何关于这款设备的退货要求。所以，您大可放心。"

这里,作为销售方的谈判者,就是抓住了客户担心产品质量的心理,从事实出发,从而打消了客户的疑虑,最终让客户觉得购买该产品物有所值。

心理话术

任何商务交涉活动都可能存在问题,对方心有疑虑实属情理之中。对此,我们需要保持冷静平和的心态,真正了解对方内心所想,并巧妙地进行语言铺垫,让客户自己得出结论,这才是销售能否取得成功的关键。

言语中透露诱人的利益,让对方迅速感兴趣

任何一场商业交涉活动,双方都会竭尽全力维护自己的利益。通常也最容易将谈判的焦点集中在价格上。双方势必都会找出无数的理由来支持自己的报价,最终的结果不是陷入僵局,就是一方不得不做出让步,更多的是双方经过漫长的谈判,各自都进行了让步,从而达成了一个中间价。这种传统的

坚持立场而非利益的交涉方式常常会导致双方不欢而散,以致破坏了双方今后的进一步合作。

此时,我们就应该抓住对方的心理,从对方所渴求的利益说起,或许有截然不同的效果。

我们来看看下面一段谈判对话:

客户:"我还是觉得W公司的产品比较好,他们的价格明显比你们便宜。"

销售方:"他们的质量确实不错,这是一份产品的故障调查报告,我们的设备故障率只有1.2%,不知道对方有没有这样一份故障调查报告。据我所知,他们的故障率一直都是在5%左右。这样算下来,贵厂将会为此多付出几万块。"

在这段谈话中，作为销售方的谈判者，就是从客户最关心的利益出发，让客户明白：如果购买了另外一家公司的产品，会带来利益上的损失，然后说出自己产品的优势，这样在对比之后，客户必然会做出正确的选择。

商务交涉过程中，当一方的需求与另一方的实际情况得到有机结合之后，作为卖方，必当会得到几个利益点，而这些利益点能否成为现实，就要看你为对方提供的条件是否足够诱人，因为只有诱人的利益才能够事半功倍地打动对方。

那么，我们该如何通过语言描述，为对方展示诱人的利益，从而使对方就范呢？

1."投入比例小"利益法

如果我们希望对方以某个条件答应成交，那么，我们就需要让对方觉得，以这样的条件达成共识是可取的。比如，在商务谈判中，我们可以利用产品价格对比法，也就是销售人员用所推销的产品与同类产品进行比较，用同类产品较高的价格与所谈的产品价格作对比，从而让客户明显感觉便宜。但运用这一策略时，我们手中至少要掌握一种较高价格的同类产品，当然，掌握得越多越好，这样才更有可比性。

2.为顾客计算性价比

无论商品价格高低，顾客们都希望通过衡量商品的质量、价格、功能等来考虑商品的性价比。但并不是所有客户对自己所要购买的产品都有足够的了解，很多时候，由于客户对产品的认识受到很多因素的制约，例如对商品的性能不够清楚，忽视了一些重要的细节等，也就可能对所购商品的价格提出质疑。

所以作为销售员，想要尽快消除客户的误解，就要准确及时地传达给客户与商品质量相关的信息，尽量让客户全面地了解商品质量，并依此为客户计算出性价比，让客户一目了然地看到商品的质量与价钱之间的内在关系，消除其有关价格的质疑。

总之，要使对方接受我们的交涉意见，我们就须要明确地透露出某种诱人的利益。当然这种利益绝对不能是子虚乌有的，否则就会适得其反，使你苦心经营的"大厦"瞬间倾塌。

心理话术

是否能攻心，是商务交涉活动中的关键因素，而争取最大的利益就是对方的内心需求。事实上，利益也是对方的死穴。如果你能攻进对方的死穴，展示令人垂涎的利益，就能让对方心服口服。

退一小步、进一大步的语言计谋

在商务活动过程中,面对一些棘手的利益冲突问题,如双方就某一个利益问题争执不下,就应该采取以退为进的策略。例如,在国际贸易中的交货期长短问题,最终价格条款的谈判问题等,此时,作为代表一方利益的谈判者,如果你死守自己的立场,不肯退步的话,那么,你迎来的不是交易失败就是陷入僵局。

小杨是一家电子公司的销售经理,几天前,他曾代表公司和另外一家公司的采购部主任进行过洽谈,客户对他们公司的商品很感兴趣。这天,他第二次拜访这位客户,想敲定这趟生意。在经过一番寒暄之后,双方谈到了价格问题:

销售方:"您觉得还有什么问题吗?"

客户:"你们的产品质量的确不错,不过我还是觉得贵了点。如果能再优惠一些我会考虑的。"

销售方:"这样,每件电子配件我们再降10元,这个价格已经很低了,不能再降了。"

客户:"这个价格也不低啊,能再降一些吗?"

销售方:"是这样的,我们电子配件单价的降价范围是不能超过20元的。说实话,对于那些合作多年的老客户,我们也始终没有超过这个范围。如果您真的想要我们公司的产品,我就给您个特惠价,每件电子配件我们给您降20元。就权当您是我们的老客户了,您看怎么样?"

客户:"哦,那好,就这样吧。"

> 我就给您个特惠价,每件电子配件我们给您降20元,就权当您是我们的老客户了,您看怎么样?

交易过程中,无疑会碰到讨价还价的事,让步也不足为奇,适当的让步有助于缓和紧张的销售氛围。可以说,案例中的销售经理小杨让步的策略就是正确的,寥寥数语中,他便表明了让步的立场,让客户明白他做出的让步已经是破例了,这样,即使客户还想讨价还价,也不好提出了。

当然，让步也需要讲究方法。如果我们的让步过早，或者每次的让步幅度过大，不能准确把握让步的尺度，不给自己的销售留退路，就很可能陷入两难的境地，从而给接下来的销售工作带来影响。

具体来说，我们在使用这一语言策略的时候，需要注意以下两点：

1.先洞悉对方的底细

在对方心里必定有个理想的成交条件，一般成交的时候，也不会有悬殊。如果我们能把握住对方理想的成交条件，那么，交易的达成将会轻松得多。比如，在销售产品时，我们通常并不容易揣摩或是洞悉客户的价格标准，但是我们可以通过其他的途径来分析获得，如通过客户周边的人了解客户的购买习惯、擅不擅长还价、在同类产品上的购买状况等。当我们清楚客户心中的价格标准后再采取措施，就能有的放矢，更好地把握退让的"度"，从而更快成交。

2.把握"退"的尺度

我们一定要记住，永远也不要做没有利润的交易。如果你的让步已经使自己无利润可赚，即使成交了也是一种失败，所以"以退为进"这一语言策略并非无条件的让步，一定要把握一个"度"。比如，在价格商谈中，每次降价的幅度都不能太大,这样才能使自己始终处在主动地位,从而保证获得利润。

心理话术

谈判并非是一条直线,而是一个圆,当我们无法朝着一个方向直线前往的时候,我们完全可以转个身,退后几步,从另一个方向跨越障碍到达目的地。

适时寒暄,迅速融化彼此之间的陌生感

俗话说:"话要开好头,事要收好尾。"说好一句话的方法很多,花样各异,寒暄便是其中之一。初次见面的时候,人们一般都有戒心,对我们有一种自然的防备心理。为了打破相互之间的隔膜,我们不妨与对方寒暄一番,迅速拉近彼此间的距离,尽可能与对方实现沟通和交流。

被美国人誉为"销售大王"的霍伊拉先生曾经有过这样的销售经历:

一次,他听说著名的梅依百货公司需要打一则很大的广告,并且经费很可观,于是,他便决定将这笔生意揽到自己手

中。为此，他开始寻找各种能获得这笔生意的方法。他首先做的是想方设法了解该公司总经理的专长与爱好。经过了解，他得知，这位总经理会驾驶飞机，并以此为乐趣。

于是，霍伊拉在获得了与总经理见面的机会后，在彼此相互介绍后，他不失时机问道："听说您会驾驶飞机，您是在哪儿学的？"这一句话挑起了总经理的兴致，他谈兴大发，兴致勃勃地谈起了他的飞机和他学习驾驶的经历。

结果，霍伊拉不仅得到了广告代理权，还荣幸地乘坐了一回总经理亲自驾驶的专机。

案例中，霍伊拉先生之所以能成功拿到这笔大单子，可以说是得益于他一句恰到好处的寒暄。从对方感兴趣的话题寒暄，能激发对方继续谈下去的欲望。这样，即使是陌生人之间，也能迅速让感情升温，产生一种亲近感。

那么，具体来说，商业活动中有哪些寒暄的方式呢？

1.问候式

常见的问候式寒暄有："您好！""早上好！""节日快乐"等。具体来说，我们要根据不同的交谈环境、时间、交谈对象等，采取不同的问候方式。

2.攀亲认故

这种寒暄的方式需要我们与对方有共同的亲近点，并以此为契机进行发挥性问候，以达到顺利与对方接近的目的。

可能你会产生这样的疑惑：如何找到这一共同的亲近点呢？其实，只要我们留心，就不难发现与对方有着这样或那样的共同点，比如，"同乡""共同喜欢的地方""母校"等就是与对方攀认的契机，就能与对方"沾亲带故"。如"大家是天津人，我母亲出生在天津，说起来，我们算是半个老乡了"。

另外，如果我们能更好地利用这一点攀亲认故，最好要先对我们进行交流的对象进行一番了解。并且，在交往中，要善于发掘双方的共同点，从感情上靠拢对方。当然这也需要我们有很宽广的兴趣爱好以及知识面。

3.触景生情

这种寒暄的方式要求我们根据具体的交谈环境、场景，即兴联想到问候的话语，比如，如果我们正在拜访一位客户，客户正在进行的工作、客户办公室的布置、客户的衣着等都可以作为寒暄的话题。如"王经理，原来你也喜欢兰花啊"。

4.赞美式

每个人都希望得到他人的肯定和欣赏，即使是我们不了解的人的赞美。因此，商务活动中，我们可以抓住对方的这一心理，在交谈前先做好准备，了解对方的优点，适时地夸奖对方，如"我听过您作的报告""早就听说过您的大名""我拜读过您的大作"等。寒暄中，适时的赞美固然很重要，但千万不要过度赞美，过分就会显得虚假。

总之，寒暄能起到一定的促进交谈的作用，寒暄同时也是一门学问，是需要积累和学习的。我们不妨在这方面多下功夫，多运用就会得心应手，就能在任何场合都做到处乱不惊、游刃有余。

心理话术

在"寒暄"这个词中,"寒"是寒冷的意思,"暄"是温暖的意思,合起来,就是问寒问暖。而在商务活动中的寒暄不是最终目的,寒暄主要是为了缓和气氛,拉近彼此心中的距离,解除对方的警戒心理,为接下来的交谈打下良好的基础,以利于慢慢建立一种友好的合作关系。

与客户沟通,先做朋友后做生意

有人说商场如战场,商场竞争之激烈不得不让我们认真对待每一笔生意。事实上,"用刑"不如"用情",用点情说话,会更容易打动对方,让对方感受到我们的真情实意,销售结果自然会有利于我们。人都是感情动物,客户也不例外,也会"感情用事",即使谈话过程中涉及利益问题,对方也可能会因为"情"做出"有失偏颇"的决定。

实际上,在现代产品营销中,即使随着消费品市场的扩大和客户对产品认识的提高,客户逐渐变得更加理性,但还是有很多客户会为了那些简单直白的销售而感动,原因在哪?就在于销售过程中这些销售工作者抓住了客户的心。

在日本，上午，家庭主妇多忙于打扫与洗衣服，这时候，她们多半不欢迎推销员，而有空闲应付推销员的时间大约是下午四点钟，然而这时正是婴儿休息的时间。

大吉保险公司的川木先生只要看到某户人家晾着尿布，就不会轻易按门铃，只是轻轻敲门，以示访问之意。当主妇前来开门时，他会用最小的声音向一脸狐疑的母亲说："宝宝正在睡觉吧？我是大吉保险公司的川木先生，请多指教。四点多的时候，我会再来拜访一次。"

可见，用情感打动客户，还需要我们懂得从客户的角度，说出最让客户感动的话。比如，在客户最无助的时候及时出现并说出安慰的话、关心客户最关心的人、多考虑客户的利益等，让客户真正感受到我们送去的温暖，客户自然也愿意对我们打开心扉！

那么，具体来说，我们该如何运用柔情的语言打动客户呢？

1.不要急于谈生意

客户也是人，也会受情感的左右。所以，在接近客户之初，不要急于谈生意，先与客户寻找共同感兴趣的话题，这样，在不做生意只谈友情的前提之下，和客户取得了心灵的共通，博得了相互之间的认同。"先做朋友，后做生意"，既然是客户的朋友了，对于客户来说，跟自己熟悉的朋友合作，自然要比跟陌生的人合作更加放心。只要做成了朋友，那么你的单子自然很快就签下来了。

2.考虑客户的利益，从客户的角度说话

我们在与准客户沟通的时候，要多站在客户角度想想，考虑一下客户的利益以及客户的想法，多倾听。可能客户一次两次还不能接受你，只要我们是真诚的，我想第三次就能打动他了，真心付出总会有收获的。

3.在销售语言中加入你的热忱

客户总是喜欢和热情、开朗的销售员谈生意，因为客户总是会把热情和人的其他一些品质联系在一起，比如真诚、善良等，重要的是，他们认为拥有热忱态度的销售员总是能带给他们快乐的感受和周到的服务。因此，热忱的态度是一个优秀的销售员不可或缺的素质。可以这么说，如果没有热忱的态度，销售成功的概率就十分渺茫。

4.说话要有耐心

无论多么简单的交易，我们都要充满耐心，即使是一个很小的环节。人们经常因为没有花时间系统地质疑自己的先入之见，或者考虑清楚交易的原因，而身陷糟糕的交易中。心理学家把这种急切的心态称为"确认陷阱"——他们没有去寻找支持自己想法的证据，同时又忽视了那些能证明相反意见的证据。

因此，在和客户说话的时候，我们说话越是有耐心，他们越是能看出我们的素质和修养，也自然愿意与我们合作。

心理话术

"动人心者，莫先乎情"，销售员和客户之间存在着利益关系，尽管如此，这种利益关系并不是赤裸裸的金钱交易，其中还包含着人与人之间的温暖和真情。与冷冰冰的销售言辞来相比，热情、充满关爱的关怀有时更容易打动一些感性的客户。

表露真诚，经营最重要的是信誉

现代社会，人们做生意，最看重的就是信誉，信任的达成是生意成功最为关键的一步。而通常情况下，人们对那些说话言辞中肯、措辞严谨的人更容易产生信任感。我们与人做生意，一定要使用沉稳、富有真情的言辞交谈，绝不用那些模棱两可的词，这样才能有效地表达我们的真诚，降低对方的疑虑。

很多年前，松下电器公司并没有现在的规模，只是一间乡下的小工厂。那时候，作为工厂的领导者，松下幸之助总是亲自出门推销产品。每次在碰到砍价高手时，他总是真诚地说："我的工厂是家小厂。炎炎夏日，工人们在炽热的铁板上加工制作产品。大家汗流浃背，却依旧努力工作，好不容易才制造出了这些产品，依照正常的利润计算方法，应该是每件××元承购。"

听了这样的话,对方总是开怀大笑,说:"很多卖方在讨价还价的时候,总是说出种种不同的理由,但是你说得很不一样,句句都很诚恳。好吧,我就按你开出的价格买下来好了。"

可以说,松下幸之助的成功就在于他真诚的说话态度、朴素的语言。由此可见,真诚的语言,不论是对说话者还是对听话者来说都至关重要。说话的魅力,不在于说得多么流畅,多么滔滔不绝,而在于是否善于表达真诚。最能推销产品的人，不见得是口若悬河的人，但一定是善于表达自己真诚情感的人。

那么，从这个角度看，在商务活动中的谈生意，我们该如何表达才能表现出真诚，让对方对我们产生信任感呢？

1.语言流畅

语无伦次、前后矛盾、结结巴巴、吞吞吐吐是沟通的大忌，在谈生意时，我们一定要避免这种情况。应该掌握清晰、流利的说话技能，同时做到表述连贯，逻辑合理，前后衔接，将原因、结果叙述清楚。

2.陈述简洁，不可啰唆

与对方谈生意，要想获得对方的信任，就不要说话啰唆，而应该尽可能在较短的时间内，简单明了、干净利落地把比较重要的信息传达给对方。

3.表述准确，说话要有条理、有重点

我们都知道，谈生意的最终目的是达成令双方意见一致的买卖协议。因此，我们在与对方沟通的时候，不要一味空谈。要知道，对方在面对你时本来就抱着对待陌生人甚至是利益对立的态度，如果你说话总是进入不了主题，不仅耽搁了双方的时间，还容易让对方产生不耐烦的情绪，导致交易失败。说话有重点，才会让人觉得你办事有效率、精明、干练，是值得信赖的对象。

当然,在沟通中,不同阶段的沟通重点是不一样的,我们要根据具体情况把重要的信息分成几次陈述,这样才能保证对方正确理解陈述的内容。另外,表述时,我们要发音清晰,音量适中,用词尽量准确。

心理话术

真正能打动人心的话语,才称得上是有效的,只有能表达真挚感情的语言,才能打动人心。同时,与人合作、做生意,信誉就是生命。与人谈生意时,如果你能用得体的语言表达你的真诚,你就能很容易赢得对方的信任,与对方建立起信赖关系,对方也可能因此喜欢你说的话,并愿意与你合作。

第10章

应酬交际，说话迎合人心令你运筹帷幄

遭遇刁难，一句自嘲便能轻松化解

生活中，我们与人交往，经常会遇到一些不善之辈，他们会给我们设置一些语言陷阱。此时，我们需要思维敏捷，迅速意识到对方的言外之意，并让自己的思维展开飞翔的翅膀，运用自嘲的方式，巧妙地粉碎他人的挑衅，让我们从这种尴尬中解脱出来。

人们要想做到自我解嘲，就要保持一颗平常心，这一点是最重要的。平常心，就是不被名利所累，不为世俗所牵绊，不以物喜，不以己悲。这不是很容易就能做到的。只有树立了正确的人生观、价值观，对名利地位、物质待遇等采取超然物外的态度，才能心怀坦荡、乐观豁达，才谈得上自我解嘲，精神上才可以轻松起来，自己才可以更加潇洒和充实。

具体来说，我们在自嘲时，可以针对这些方面：

1.笑笑自己的长相

笑自己的长相，或笑自己做得不很漂亮的事情，会使我们变得较有人性，并给人一种和蔼可亲的感觉。

一个人要出国进修，他的妻子半开玩笑地说："你到了那个花花世界，说不定会有其他女人投怀送抱呢！"他笑道："你瞧瞧我这副尊容：冬瓜脸，罗圈腿，站在路上怕是人家眼角都不撩呢！"一句话便把妻子逗乐了。

人人都很忌讳他人提及自己长相上的缺陷，可这位丈夫却能够很平静地接受自己的先天不足，并不在意揭丑。这样的自嘲体现了一种人生智慧，比一本正经地向妻子发誓决不拈花惹草效果更好。此时，他在妻子眼里，一定是一个完美的丈夫。

2.笑笑自己的缺点

对影响自身形象的种种不足之处大胆巧妙地加以自嘲，

能出人意料地展示你的自信,在迅速摆脱窘境的同时,显示你潇洒不羁的交际魅力。如你"海拔不高",不妨说自己是体积小脑力大,浓缩的都是高科技;如其貌不扬的你找了一个美丽的她,不妨说"我很丑但我很温柔";即便你背上"扣个小罗锅",也不妨说你是背弯人不弓。

可能你会认为,嘲笑自己的缺点和愚蠢,是幽默的最高境界。然而,伴随着这种嘲笑的情绪是不同的。如果我们尖刻地嘲笑自己,那样只会我们感到屈辱。因为这种态度背后的潜在意识就是相信我们应该比实际的更好,而这种人生态度正是我们自身的障碍。如果我们内心充满了爱来嘲笑自己,就能达到某种和蔼可亲的超脱。因为我们自认愚蠢,但不顾影自怜。

心理话术

幽默一直被人们称为只有聪明人才能驾驭的语言艺术,而自嘲又被称为幽默的最高境界。在社交场合中,自嘲是不可多得的灵丹妙药,在遇到他人的刁难时,不妨拿自己来开涮,至少一般不会讨人嫌。智者的金科玉律便是:不论你想笑别人怎样,先笑你自己。

社交场合不得不学习的寒暄客套话

会不会说客套话是一个人懂不懂礼数的重要表现，更是一个人社交能力的体现，因此，客套话可以说是敲开陌生人内心大门的一个重要方面。与人见面之初，往往可能陷入无话可说的尴尬场面。这时你不妨以一些"客套话"开头，比如，"天气似乎热了点！"或者"最近忙些什么呢"等。虽然这些"场面话"大部分并不重要，然而，正是这些话才使彼此免于尴尬的沉默。

在古典名著《红楼梦》中，就有许多经典的场面话。在《刘姥姥进大观园》一回中，刘姥姥找到周瑞的娘子时，两人用了许多场面话来进行寒暄。

周瑞娘子迎出来问："是哪位？"刘姥姥忙迎上来问道："好呀，周嫂子！"周瑞娘子认了半天，方笑道："刘姥姥，你好呀！你说说才几年呀，我就忘了。请家里来坐吧。"刘姥姥边走边笑道："你老是贵人多忘事，哪里还记得我们呢。"来至房中，周瑞娘子命小丫头倒上茶来吃，再问些别后闲话后，又问刘姥姥："今日是路过，还是特来的？"刘姥姥便说："原是特来瞧瞧嫂子你，一则也请请姑太太的安。若可以领我见一见更好,若不能,便借嫂子转达致意罢了。"

在这段对话中,刘姥姥与周瑞娘子说的大部分都是客套话。刘姥姥通过一番场面话,让周瑞娘子觉得,刘姥姥虽然是个出身寒酸的人,但还是很懂礼数的。同时,刘姥姥也化解了自己寒酸的身份,之后双方再聊起正题就显得亲切许多,自然,周瑞娘子也会给刘姥姥一个见主人的机会。一些本来不好开口的话,经过场面话的客套之后,听起来就舒服多了。因此,在交际过程中,一定要重视客套话的作用,特别是当你与陌生的人或不熟悉的人交往时,场面话无疑是打破距离障碍的第一把钥匙。

一般来说,"客套话"有以下几种:

1. 当面称赞人的话

诸如称赞小孩子可爱聪明,称赞女士的衣服大方漂亮,称赞某人教子有方……这种场面话所说的有的是实情,有的则与事实有相当的差距,但听的人十之八九都感到高兴,而且旁人越多他越高兴。

2. 当面答应人的话

和陌生人交往,如果对方希望你帮什么忙,即使你不能帮忙,也不能当面拒绝。因为场面会很难堪,而且会马上得罪人。你可以说一些场面话,诸如"我全力帮忙""有什么问题尽管来找我"等。给足对方面子,不至于让他下不来台,他也会觉得你是个顾全大局的人。

另外,我们要记住一些特定场合下有针对性的客套话:

(1)初次见面说"久仰",久别再见时"久违"。

(2)未及欢迎说"失迎",起身告别说"告辞"。

(3)等候宾客说"恭候",客人到来说"光临"。

(4)看望他人说"拜访",请人勿送说"留步"。

(5)请人办事说"拜托",盼人指点说"赐教"。

(6)求人帮忙说"劳驾",请人解答说"请教"。

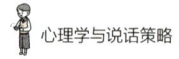

（7）求人方便说"借光"，麻烦别人说"打扰"。

（8）陪伴朋友说"奉陪"，中途告辞说"失陪"。

（9）向人祝贺说"恭喜"，赞赏他人说"高见"。

在与陌生人说话的时候，我们需要掌握一些"客套话"的说法，在三言两语之间，就能轻松让对方为我们打开心门！

心理话术

千百年来，人们在与人打交道的时候，都有一套约定俗成的套路，这其中也包括客套话。每个人无论在工作还是生活中，都免不了要与各种各样的人接触，于是，学会客套就显得尤为重要。

迎来送往、离席入席时用细节彰显社交魅力

古人云："有朋自远方来，不亦乐乎？""烹羊宰牛且为乐"，这是中国人好客的真实写照。请客吃饭或者参加宴会，自然少不了迎来送往。在迎来送往这一问题上能否言语得当，

直接关系到我们给对方留下印象的好坏以及彼此之间的关系是否能进一步发展。

小春原先有个非常要好的朋友,现在却没什么联系了,原因是数年前小春去他家做客。

"那天我和爱人受朋友之约,带着礼品准时敲响了他家的大门。去了才知道,那天他邀请的不只我们,还有一位局长。开席的时间已到,那局长还迟迟未见身影,打电话一问,才知是临时有事不来了。朋友很懊恼,席间不断抱怨那位局长不该失约。在我看来,他是心疼那一桌子菜没达到预期目的罢了。酒足饭饱,该回去了,他们一家人把我们夫妻送出大门,可还没等我们的摩托车起火,就听身后'咣当'一声,大门关上

了,我隐约听见朋友骂了一句。我知道朋友不满的是那位失约的局长,但那'咣当'一声和那句谩骂让我心中拧起了疙瘩,以至于渐渐和朋友疏远了。他也许永远也不明白我们的交情是怎么淡薄下来的吧。"

故事中的主人公小春为什么不愿意和他的朋友再来往了?因为他的朋友在局长没有如约而至而心有不悦的情况下,完全没有考虑到小春的心理感受,在小春正离开他家时谩骂了一句,而让小春心里起了疙瘩。

可见,迎来送往是我们的传统,迎来与送往同样重要。可是有些人只注重迎客,而忽视了送客,这是待客一大忌。

其实,无论设家宴还是在酒店请客,一般都是"四步曲":

第一是发请柬,非正式场合打个电话也可以。

第二是迎宾,无论朋友是否携礼物到来,都是你请到的客人,都应以礼相待,恭请客人入席就座。

宾客参加宴席,热情洋溢地迎接宾客,加上到位的寒暄,才能让对方有宾至如归的感觉,但和客人交谈,最好是挑些轻松愉快的话题,这就需要我们学会适当地与宾客寒暄:

1.跟初次见面的人寒暄,一定要记住双方的身份、熟悉程度,尽量用一些简单的寒暄语,诸如"您好!""很高兴能认识您。""见到您非常荣幸"。当然,也可以轻松、随便一点,如"某某经常跟我谈起您",或是"您最近工作忙吗"等。

2.双方已经熟络,寒暄语可亲切一点。你可以说"好久没见了""您气色很好"等。

3.寒暄语应当删繁就简,还应有友好、尊重之意。寒暄语不一定具有实质性内容,而且可长可短,需要因人、因时、因地而异,而它却不能不具备简洁、友好与尊重的特征。

例如,两人初次见面,一个说:"久闻大名,如雷贯耳,今日得见,三生有幸。"另一个则道:"岂敢,岂敢!"搞得像演古装戏一样,就大可不必了。

寒暄语应体现友好尊重,既不容许敷衍了事般地打哈哈,也不可以戏弄对方。"来了""瞧您那德性""喂,您又长膘了"等,均应禁用。

4.牵涉到个人私生活、个人禁忌等方面的话语,最好别拿出来"献丑"。例如,一见面就问候人家"跟朋友吹了没有",或是"现在还吃不吃中药",都会令对方反感至极。

第三是喝酒吃饭,酒菜的档次要看你的经济实力、宴请的什么人物,席间要对客人的到来表示感谢,给每位客人敬酒。

第四是送客,这是非常关键的一个环节。朋友相聚,为的就是增加感情、加强了解,这次相聚甚欢,才能成为再聚的铺垫，所以应把客人送出大门，逐一握手再见，直到朋友远去，方可转身回家，这才是迎来送往的全部过程。

心理话术

请客吃饭，就需要迎来送往，这是一门艺术，更是为人处世过程中成功攻克人际心理距离的方式之一。细节决定了你交际应酬的成败，学会迎来送往的艺术，能一下子拉近你和客人之间的距离，与人之间的情感也就能加深，我们请客吃饭的目的也就自然而然地达到了。

祝贺的言辞不只是走过场，更要说到人心坎里

日常生活中人们在升职、加薪、结婚之际，喜欢宴请宾朋。出于礼仪的需要，我们自然需要祝贺，但绝不能无视环境，乱讲一通。否则，非但不起作用，反而令对方败兴。要得偿所愿，就要掌握祝贺的语言技巧，只有把祝贺的话说到对方心坎里，产生积极的心理作用，才是有效的。我们先来看下面

一个故事：

某退休老教授七十岁寿诞，在某酒店大摆筵席，宴会上高朋满座，其乐融融。宴会进行到一半的时候，一个学生出于礼貌，举杯祝贺老寿星。他说："王教授一直是我们最和蔼可亲的老师，每当我深夜看书的时候，我总是会想起他的音容笑貌。"当他这一番话说完后，整个宴会厅鸦雀无声，此人好不尴尬。

故事中，祝贺的人本是出于好意，但却用错了字眼，制造了一出令人尴尬的闹剧。一般来说，对于已逝的人，才会用"音容笑貌"，在寿诞上，使用这一词语明显很扫兴。

祝贺的方式多种多样，口头祝贺、书信祝贺、赠礼祝贺等，都有自己特定的适用范围。在多数情况下，几种方式也可以同时使用。一般说来，口头祝贺是人们用到最多的一种祝贺方式。

其中，如何使用口头祝贺，就明显考验我们说话的技巧。具体来说，要把祝贺的话语说到对方心坎里，需要遵循以下几个原则：

1.祝贺的时机需要审慎地选择

生活中，适逢亲朋好友结婚、生育、乔迁、获奖、晋职、过生日等应当及时向其表示自己为对方而高兴。不然，就有疏远双方关系、心存不满或妒忌之嫌。碰上节日，出于礼貌，向亲朋好友道贺也是必要的。对新开业、扩店、周年纪念等，也应予以祝贺。

2.区分对象

口头祝贺要简洁、热情、友善并饱含感情色彩，同时要区分对象，回避对方之所忌。对不同的对象，在不同的时刻，道贺之语的选择应有所不同。

在祝贺同行开业时，"事业兴旺""大展宏图""日新月异""生意兴隆""财源广进"等，都是很吉利的贺词。

在祝贺生日时，除了"生日快乐"可广泛使用外，"寿比南山，福如东海"这种是老寿星爱听的祝词，就不宜用于祝贺年轻人，尤其是孩子们。

对新婚夫妇，使用"天长地久""比翼双飞""白头偕老""百年好合""互敬互爱""早生贵子"之类的祝贺语，更能使对方陶醉在幸福与憧憬之中。

3.遵循一些约定俗成的语言

例如,"恭喜,恭喜""我真为您而高兴"就是常用的道贺之语。"事业成功""学习进步""工作顺利""一帆风顺""身体健康""心情愉快""生活幸福""合家平安""心想事成""恭喜发财"之类的吉祥话,大家也耳熟能详。

总之,在"人逢喜事"之时,一句得体的祝贺,可以把你的喜悦之情也传达给对方,从而促进你们的友谊。

心理话术

祝贺,就是向他人道喜。每当亲朋好友在工作与生活中取得了进展,或是恰逢节日喜庆之时,对其致以热烈且富有感情色彩的吉语佳言,会使对方的心情更为舒畅,双方的关系更为密切。

面对尴尬,如何用妙语打圆场

生活中,我们与人初次交往,都希望双方的交谈能在轻松愉快的氛围中进行，使每个人都身心愉悦，并且希望随着交谈的深入，双方的关系能进一步加深。但实际上，人们在处理人际关系的时候，也会因经验或能力的不足而面临尴尬的局面，或与客户争吵，或被上司批评，或被同级嘲笑等。此时，如果我们能巧妙地打圆场，帮彼此找到一个台阶，从而摆脱难堪的局面，那么，对方一定会对我们产生好感，从而有利于交谈的进一步进行。

交际中遇到尴尬的场面时，做到审时度势，准确把握双方的心理，然后运用说话技巧，借助恰到好处的话语及时出面打圆场，化解尴尬，维护交际活动的正常进行，就显得十分重要和宝贵，也确实是十分必要和值得重视的。那么，我们在交际中，怎样才能不失时机地打好圆场呢？

1. 找个借口，给对方台阶下

人们之所以会在交际场合陷入尴尬境地，是因为他们在某种场合做了不合时宜的事，说了不合情理的话等，而要打破这一僵局，可以从人们不容易看到的方面，就这些有悖常理的话和行为作出另一番解释，以证明他的行为和语言是合理的、无可厚非的。这样一来，对方的尴尬解除了，正常的人际关系也能得以继续下去了，而我们在无形中也多交了一个朋友。

2. 侧面点拨

即不直言相告，而是从侧面委婉地点拨对方，使其明白自己的不满，打消失当的念头。这一技巧通常借助于问句的形式表达出来。

小李与小王是一对好朋友，彼此都视对方为知己。有一次，本单位的青年小张对小李说："小李，我总觉得小王这小子为人有点太认真了，简直到了顽固的地步，你说是不是？"小李一听小张的话顿生反感，心想：这个人怎么能在背后议论我的朋友。但他又不好发作，于是假装一本正经地说："小张，我先问你，我和你在背后议论我的好朋友，他要是知道了会不会和我反目为仇？"小张一听这话，脸"唰"地一红，不吭声了。

这里，小李就使用了委婉点拨的技巧。面对小张的发问，他没有直接回答"是"还是"不是"，而是话题一转，给对方出了个难题，这个难题又正好能起到点拨对方的作用，既暗示了"小王是我的好朋友，我是不会和你合伙议论他的"，又隐含了对小张背后议论、贬损小王的不满。同时，由于这种点拨比较委婉含蓄，所以也不致让对方太难堪。

3.审时度势，让各方都满意

交际场合，产生矛盾的双方若就某一问题争论起来，此时很难说清楚谁对谁错。作为调解者，在调解时应一碗水端平，不可厚此薄彼，以免加深双方的矛盾。要对双方的优势和价值都予以肯定，在一定程度上满足他们自我实现的心理，在这个基础上，再提出双方都能接受的建设性意见，这样就容易为双方所接受。

4.转移话题，制造轻松气氛

当尴尬或僵局出现时，有些人由于情绪激动，往往会在一些问题上互不相让。在打圆场时，不妨岔开他们的话题，转移他们的注意力。如朋友之间为了某个问题争得面红耳赤，僵持不下时，可以适时说一个笑话，让双方的情绪平缓下来，在轻松的气氛中让尴尬消失殆尽，使交际活动得以顺利进行。

心理话术

打圆场是一种语言艺术，但打圆场必须从善意的角度出发,以特定的话语去缓和紧张气氛,调节人际关系。对我们自身来说,掌握交际双方的心理,运用说话技巧,帮人找回面子,也可以使我们在交际场合左右逢源。

社交场合先聊聊大家都能聊的话题

在社交场合,人们都希望交谈能在轻松、和谐的氛围中进行。而是否能达到良好的交谈效果,直接取决于交际场合大家交谈话题的合适与否。因为从心理学的角度看,人们对于那些与自己有共同话题和兴趣的人更容易产生交流的欲望,也更愿意与之结交。

人与人交谈,都是围绕着一个话题展开的,而我们只有积极主动地选择一个双方都感兴趣的话题,交谈才得以在一个轻松、愉快的氛围中进行。一般来讲,人们在交谈中,多选择以下几个话题:

1.天气

天气是每个人都关心的问题,因为它事关每个人每天的生活。因此,若天气不好,不妨交换一下彼此的苦恼:"今天这天儿，我都穿得跟个企鹅似的。""这天气热得我浑身上下都要起火了。"天气很好，不妨同声赞美："今儿天气不错啊，心情也跟着好起来了。"如果某地遇到暴雨或者干旱等天气异常情况，也可以拿出来谈谈，因为那是人人都关心的话题。

2.坦白自己的感受

比如，倘若你参加了一个周围没有一个熟人的聚会，与其自己在角落里一个人嘀咕"我太害羞了，与这种聚会格格不入"，还不如直接告诉坐在你身边的陌生人，或许对方也正有此感受。

一次，美国作家阿迪斯与写过一本书的另一位心理学家谈话。阿迪斯通常对这类的谈话都能应付自如，并会从中受益，所以当他发觉自己结结巴巴，不知怎样开口时，简直大吃一惊。最后阿迪斯说："不知为什么我对你有点害怕。"结果，那位心理学家对阿迪斯这个说法产生了兴趣，随即大家就自然地聊起来了。

3.自己闹过的有些无伤大雅的笑话

比如，你可以拿买东西被骗，语言上的失误等此类的笑话来和对方分享一下。因为这些生活中的趣事，可能对方也遇到过，你们之间就找到了共同的话题。另外，拿自己开涮，更体现出你的随和，平易近人。

4.以轰动一时的社会新闻为话题

生活中，我们都会对近期发生的一些新闻进行讨论，这也是闲谈的资料。若你能就此发表自己的意见和看法，那就足可以把一批听众吸引在你的周围。

5.家庭问题

关于每个家庭里需要知道的各方面的知识，例如家庭教育、购物经验、夫妇之间怎样相处、亲友之间的交际应酬、家庭布置等问题，也会使大多数人产生兴趣，家庭主妇们尤其关心这类问题。

当然，我们也应当避免问一些令人扫兴的话题。在初次交往过程中，彼此各自都有一定的意图，所以纯属个人生活的事情不要多谈，可能没有人愿意听你高谈阔论。

心理话术

人们更愿意与人交流自己感兴趣的话题，对于那些在社交场合能兼顾大家感受去寻找共同话题的人也更容易产生好感。因此，如果你善于选择大家都能聊的话题，相信你会很快与他人建立起稳固的友谊。

参考文献

[1]李秀娟.说话心理学[M].吉林：吉林摄影出版社，2019.

[2]宋璐璐.说话心理学[M].北京：民主与建设出版社，2016.

[3]斯蒂芬.说话心理学[M].孙闰松，译.北京：人民邮电出版社，2017.

[4]译夫.FBI说话心理学[M].北京：中国纺织出版社，2018.